TRADUCTION D'UN ÉCRIT,

INTITULÉ,

REFLEXIONS

SUR L'ÉTAT DE

L'EUROPE:

AVEC

LA REPONSE

A CES

REFLEXIONS.

1709.

TRADUCTION D'UN ÉCRIT,

INTITULÉ,

REFLEXIONS SUR L'ÉTAT DE L'EUROPE.

I.

'Amour de la patrie, ſes devoirs, & les ſentimens qu'il inſpire, ne ſont connus veritablement que des Republiques. Dans les autres Etats, où un Maître ſouverain diſpoſe de tout, la patrie n'eſt qu'un nom : les obligations qu'il renferme, ſont ignorées. 'On laiſſe le Prince avec ſes Miniſtres penſer ſeul au ſalut commun ; le reſte des hommes n'en eſt point occupé : quelquefois même on leur fait un crime de s'en inquietter.

II

Il n'en est pas de même dans les Republiques. Chacun songe, chacun veille à l'interêt general, & se croit obligé de proposer ce qui lui semble y être avantageux. Un Republiquain qui auroit trouvé, & qui étoufferoit en lui-même une idée utile à la patrie, seroit selon moi presque aussi coupable, que celui qui ne decouvriroit pas une conspiration formée, dont il auroit connoissance.

Cette opinion, que j'ai puisée dans l'entretien, & dans les Ecrits de nos plus celebres Compatriottes, m'a engagé à mettre par écrit les considerations, que cet amour de la patrie m'a fait faire sur l'Etat present de l'Europe, dont les agitations trop longues, semblables à une tempête qui ne cesse point, peuvent enfin engloutir le vaisseau le mieux gouverné, & devenir funestes à nôtre Republique.

II.

L'Europe est à present dans des termes, où il est certain que presque chaque jour peut amener quelque évenement capable d'ébranler dangereusement tous les Etats qui la composent. Si une des deux Maisons, qui depuis près de deux siecles se disputent la superiorité, la gagne sur l'autre par la seule force des armes; amis & ennemis, il faut que

tout

tout plie également, & s'affaisse sous le joug du victorieux.

Les efforts que la guerre presente a fait faire, ont été si continuels, si prodigieux, & si disproportionnez à la puissance de chacun, que chacun a été obligé de mettre au hazard ses dernieres resources : ainsi il ne peut plus rien arriver d'un peu considerable dans les armes, qui ne soit absolument decisif. Le Vainqueur peut desormais être declaré par un seul évenement, & desormais il ne trouveroit par tout qu'une foible resistance incapable de l'arrêter.

III.

On en est venu à un tel point de lassitude & d'épuisement, que si la Maison de France, tout affoiblie qu'elle est par tant de pertes & de deroutes, voyoit revenir quelques-unes de ces heureuses journées, qui jadis lui étoient frequentes, nous serions peut-être encore une fois reduits à la honteuse necessité de recevoir la loi d'elle.

La victoire a cela de propre, qu'avec une nouvelle audace elle donne des forces nouvelles, & ferme en un moment des playes, que toute la diligence des hommes ne gueriroit pas en plusieurs années.

Quoi qu'il semble à quelques-uns, que les prosperitez de la Maison d'Autriche soient

 moins

moins dangereuses, cette Maison neantmoins, toute dependante qu'elle paroît aujourd'hui du pouvoir de ses Alliez, deviendra certainement l'arbitre de leur sort, s'ils continuent de la faire triompher.

Ce qu'une faveur éclatante de la fortune, dans l'Etat où nous sommes, opereroit pour la France; un avantage mediocre le produiroit pour la Maison d'Autriche. L'une est très-reculée par ses disgraces; l'autre est presque sur le but par nos victoires.

IV.

Je ne sçai pourquoi d'habiles gens soutiennent que l'on peut se confier à sa moderation, & à sa reconnoissance; qu'au moins on est assûré, que quand elle en manqueroit, nous pourrions la faire tomber comme nous avons sçû la soutenir.

C'est attendre de l'homme ce qui est au dessus de la nature humaine, & ce qui n'a jamais eu d'exemple, que d'esperer que la Maison d'Autriche enorgueillie & devenue toute puissante par l'abaissement ou par la ruine de son ancienne rivale, se contiendra dans les mêmes bornes, où elle se tenoit pendant que cette rivale la faisoit trembler.

C'est vouloir encore se tromper soi-même; que de se promettre que les mêmes moyens,

qui

qui ont fervi à l'élever, ferviront à l'abatre quand il nous plaira. Nôtre amitié lui a procuré un agrandiffement & des forces que nôtre haine ne fçauroit lui ôter.

Nous ne fçaurions lui ôter ce credit aprochant de la Souveraineté, ce pouvoir abfolu, dont elle acheve de s'emparer fur l'Italie. Nous ne fçaurions lui ôter la diftribution des graces & des honneurs, qu'elle s'eft plus que jamais attribuée dans l'Empire, & qui lui donne fur l'Allemagne une autorité prefque defpotique.

Nous ne fçaurions lui retrancher les fecours inopinez, que lui fournira fans ceffe le droit de devolution des grands Fiefs Imperiaux. Elle en fçait faire un ufage, qui fait toûjours croître fa puiffance par la reünion de ces Fiefs à elle-même, ou par l'Inveftiture qu'elle en accorde à fes amis, d'autant plus inviolablement obligez après cela à lui être fideles, qu'ils ne peuvent la laifler perir fans s'expofer à fe perdre eux-mêmes.

Nous ne fçaurions lui couper les fources d'hommes & de richeffes que lui va rendre la reduction des Hongrois, qui euffent recouvré peut-être leur liberté, fi nous n'avions pas mis les François hors d'état de les fecourir.

Pour la depouiller de tous ces avantages

ou

ou nouvellement acquis, ou ufurpèz depuis long tems ; il faudroit que nous fiffions contre elle une ligue femblable à celle que nous avons faite en fa faveur. Quand ce ne feroit pas recommencer toûjours la guerre, & replonger toûjours l'Europe dans de nouveaux abîmes ; ce feroit entreprendre une chofe abfolument impoffible.

Entre les Puiffances qui font liguées aujourd'hui avec nous, les unes à caufe de leur fituation, ou de leur peu de forces, dependent entierement de la Maifon d'Autriche : les autres lui font attachées par le befoin, & par l'efperance de fes bienfaits, ou par des interêts communs avec elle.

Il en eft d'autres qu'on ne peut jamais reünir avec la France ; & qu'aucune raifon ne fçauroit faire perfeverer dans quelque focieté avec les François. Une experience fi longue & fi conftante en affûre, qu'il faudroit être aveugle pour s'y tromper.

V.

De toutes ces veritez, dont il eft difficile de n'être pas convaincu, il s'enfuit que fi nous laiffons un libre cours aux armes ; fi nous n'employons pas à prefent les maneges & les refources de la prudence, la fortune va decider de l'évenement de la guerre,

guerre, & donner malgré nous un Maître à
l'Europe.

Si c'est une necessité d'en reconnoître un,
il faut du moins le choisir. Mais il n'est pas
impossible de s'en preserver : & si dans cette
crise d'affaires, qui tendent à un denouë-
ment, nous ne nous laissons point aveugler
par de faux interêts, nous pouvons affermir nôtre liberté, en conservant la liberté
generale.

VI.

Je n'oserois condamner absolument la
pensée de ceux qui croyent que le tems est
venu, où on peut donner à l'Europe une
constitution nouvelle, plus favorable au repos
des peuples, que l'ancienne ne l'a été jusqu'à
present. Mais je ne puis aprouver l'idée
qu'ils ont de profiter de l'occasion, qui leur
paroît propre à établir entre les puissances
de l'Europe une égalité presque parfaite, qui
y maintiendroit la paix.

Ils voudroient que chacune des Puissances
eût à-peu près autant de forces que l'autre.
Ainsi, disent-ils, nulle guerre ne s'éleveroit
entre les uns, qui aussitôt ne fût étouffée par
les autres ; & l'Europe, ou ne manieroit plus
les armes, ou ne les prendroit que pour les
porter dans les autres parties du monde,

 qu'in-

qu'infenfiblement elle rangeroit fous les mêmes loix.

VII.

Je fçai que c'étoit là le projet d'un grand
Monarque ; on en voit encore le plan dans les
Memoires d'un de fes premiers Miniftres : mais
quand il feroit poffible & jufte de l'executer,
je foutiens que de tous les partis que l'on peut
prendre, celui-là eft le plus pernicieux à la
liberté commune de l'Europe.

Parmi ces Puiffances égales on verroit
bientôt un ambitieux, qui en attireroit à lui
quelques-unes d'entr'elles fous de fpecieux
pretextes, les diviferoit, & les accableroit
toutes. Tant qu'il y aura des hommes, l'ambition & le faux efpoir exciteront les uns à
entreprendre, & feront tomber les autres
dans les pieges qu'on leur tendra.

Ainfi Philippe, de Coallié admis entre les
Grecs, devint Monarque abfolu & Tyran
de la Grece. Ainfi de la Democratie naît
ordinairement l'Ariftocratie, & de l'Ariftocratie fort enfin la Monarchie.

La premiere idée des hommes eft de fe
gouverner eux-mêmes par la pluralité des fuf-
frages de la communauté. Mais le peuple
inapliqué, & incapable de vuës fuivies, eft
contraint de remettre la conduite de fes plus
impor-

importantes affaires à un petit nombre de personnes nommées : dans ce petit nombre il s'éleve des Marius, des Sylla, des Pompées ; & il se trouve enfin un Cesar, qui opprime le Peuple & les Grands.

VIII.

Ce seroit donc trop hazarder, que de vouloir établir une égalité generale : il faudroit entreprendre des changemens trop longs, trop difficiles à faire, trop injustes, & qui tôt ou tard conduiroient l'Europe à une servitude aussi deplorable que celle de l'ancienne Grece.

Demeurons dans les voyes, que la Providence semble nous avoir marquées, & attachons nous seulement à les rendre sûres & durables. C'est en ne s'écartant point de ces voyes, mais, pour ainsi dire, en les fortifiant, que je croi qu'il est possible, de donner à l'Europe une constitution meilleure, & nouvelle en quelque maniere.

Dieu a élevé au dessus des autres dominations deux Maisons puissantes, semblables à deux citadelles pour garder l'Europe ; toutes deux pour la proteger contre les irruptions de l'Ennemi commun des Chretiens, & l'une pour la deffendre contre l'autre. La prudence humaine ne sçauroit inventer une

consti-

conſtitution plus ſage, ni plus heureuſe. Mais il ſemble que lors que l'occaſion s'eſt offerte d'y mettre la main, on a toûjours voulu la renverſer. Jamais on ne s'eſt attaché à la ſoutenir, & s'il eſt permis de parler ainſi, à la reparer, quand elle s'eſt trouvé alterée par la negligence des uns, ou par l'ambition des autres.

I X.

On a eu en differens tems differentes idées ; tantôt favorables, tantôt contraires à l'une ou à l'autre des deux Maiſons. Quand on a fait la guerre, on a ſuivi les paſſions des hommes ; on n'a point examiné l'interêt des Nations. Quand on a fait la paix, on ne s'eſt appliqué qu'à terminer une guerre ; on n'a pas ſongé à en prevenir un autre. Aucun Traité n'a rendu au plus foible ce qu'il avoit perdu, ni ôté au plus fort ce qu'il avoit uſurpé ; & le victorieux dans les armes l'a auſſi été dans la negociation. L'Europe toûjours bornée aux conjonctures & aux beſoins du jour, ſans prevoyance pour ceux de l'avenir, ſans attention ſur elle même, n'a point encore travaillé ſur des principes certains.

Du tems de Charles-Quint une grande par-tie de l'Europe conſpiroit contre la Maiſon de France : l'autre partie preſque entiere étoit ſouvent ſpectatrice oiſive, & ne vouloit pas

penſer,

penſer, qu'elle alloit être abîmée, ſi la France periſſoit. Des miracles, qui n'arrivent pas tous les jours, la ſauvérent.

Des accidens imprevûs ſauvérent de même la Maiſon d'Autriche vers le milieu du ſiecle paſſé. Sa puiſſance exceſſive avoit fait peur : on avoit decouvert ſes ambitieux deſſeins ; & elle étoit alors devenuë l'objet de l'averſion commune : dans les celebres Traitez de Weſt-phalie on ne ſongeoit qu'à la depouiller, qu'à la reſſerrer, qu'à lui ôter les moyens de ſe faire craindre.

On ſongeoit ſi peu à l'abus, que ſa rivale pourroit faire des avantages qu'on lui don-noit ſur elle ; que ſi la France ne ſe fût pas embaraſſée, & comme empêtrée elle-même dans des guerres civiles, ſi elle eût pourſuivi ſon ennemie avec cette perſeverance & cette application ordinaire à la Maiſon d'Autriche, elle en eût triomphé, & fut demeurée la ſeule dominante.

C'eſt ainſi que l'Europe juſques à preſent a mieux aimé de voir ſa conſervation à des coups du hazard, & à des bienfaits de la for-tune, qu'à ſa propre vigilance, & à ſa bonne conduite.

X.

Aujourd'hui les affections, & les vuës ſont encore changées. On s'eſt éloigné de la

 Maiſon

Maiſon de France, on eſt revenu à la Maiſon d'Autriche : on veut que celle-ci regne ; on veut que celle-là obeïſſe.

Dans tous les projets de paix, dont on entend diſcourir le monde, on ne parle que d'enrichir la Maiſon d'Autriche, & que d'a-pauvrir la Maiſon de France. On propoſe non ſeulement de lui ôter ce qu'elle pretend, que des diſpoſitions teſtamentaires, & des droits de ſucceſſion legitime lui ont apporté ; mais on lui diſpute ce que les Traitez d'Aix la Chapelle, de Nimegue, & de Ryſwijck lui ont confirmé : quelques-uns ne veulent pas même lui laiſſer ce que les Traitez dè Weſt-phalie lui ont accordé.

Je ne ſçaurois m'empêcher de dire que l'Europe ſeroit à plaindre, ſi la France ſouſcri-voit à de ſi dures conditions. Ce n'eſt pas qu'il y ait lieu d'aprehender qu'elle n'eût pas intention de les obſerver : ſi elle les acceptoit, ſes finances ſi épuiſées qu'il eſt impoſſible de les retablir, ſes terres preſque incultes & deſertes par la furieuſe quantité d'hommes qu'elle a perdus ; ſa pauvreté & ſa miſere nous repondent de ſa bonne foi. Elle de-meureroit en repos ; mais le reſte de l'Europe ne s'y tiendroit pas.

Il arriveroit ce qui eſt toûjours arrivé après les Traitez trop inegaux & trop diſpropor-tionnez.

tionnez. La grandeur de la Maiſon d'Autriche feroit ombrage à ſes amis mêmes, & la
miſere de la France feroit pitié à ſes ennemis :
les uns par jalouſie, les autres par generoſité,
d'autres par inquietude, preſque tous par un
interêt veritable & commun, l'exhorteroient
à ſe relever ; lui en offriroient les moyens ; la
forceroient malgré elle à s'en ſervir ; & la
guerre ſe ralumeroit.

Toutes ces variations, tous ces changemens de parti & de ſyſtême auront toûjours
un pernicieux effet ; & ne produiront jamais
que la deſolation & la ruïne des peuples.

X L.

L'Europe ne doit avoir que deux points de
vuë eſſentiels ; ſa liberté & ſon repos. Pour
lui donner les moyens de s'aſſûrer ces deux
ſources de la felicité des hommes, deux pre-
cautions ſont à prendre, deux preliminaires
importans ſont neceſſairement requis.

L'un eſt de ſe mettre à la place des peuples
quand on fait des entrepriſes, ou des Traitez
pour eux ; de ne ſe pas regarder comme mor-
tel ; d'étendre ſes reflexions & ſes ſoins au
delà des ſiecles ; & de conſiderer encore plus
l'avenir que le preſent.

Tel avantage s'offre aujourd'hui, qui peut-
être dans dix ans cauſera la ruïne de celui qui
l'aura

l'aura accepté. Il paroît beau d'humilier un ennemi, qui a donné de justes alarmes : il paroît utile de donner des entraves pesantes à un Etat voisin dont on est jaloux ; mais avec le tems il les rompra : l'ennemi humilié substituera sa vengeance à ses successeurs, qui retabliront leurs forces : les haines se tourneront contre celui qui aura voulu profiter de l'occasion, & il sera écrasé.

Tant que les passions presentes, & les interêts passagers gouverneront l'Europe ; tant que l'avenir ne lui sera pas aussi present que le present même, elle sera dechirée de troubles continuëls, & verra sa liberté & son repos toûjours en danger.

L'autre preliminaire encore plus important, est de rapeller dans l'Europe la connoissance de l'Equité naturelle, qu'une fausse & mauvaise politique y a presque entierement étouffée.

Depuis long tems on ne connoît plus d'autres droits, ni d'autres titres de ses pretentions, que ses propres convenances & sa force. On se croit habile politique, lors qu'abusant de la necessité des opprimez, on les a contraints à ceder ce qu'on a trouvé chez eux à sa bienseance. Ce n'est être ni habile, ni politique ; ce n'est qu'être injuste & imprudent.

Celui

Celui a qui on fait une injuſtice violente,
ne la ſouffre qu'autant de tems que les occa-
ſions & les moyens de ſe venger lui man-
quent ; & la bonne Politique ne fonde jamais
des conventions ſur une leſion manifeſte.

Si cette verité avoit beſoin de preuves, je
citerois des exemples fameux des plus celebres
Traitez, qui n'ont été violez, que parce que
l'Equité naturelle n'y étoit pas obſervée : j'en
citerois d'un grand nombre d'autres, qui ont
été gardez, parce qu'elle y avoit été religieu-
ſement ſuivie. Il faut donc commencer par
en admettre les loix pour regles certaines, &
y joindre les reflexions & les conſeils de la
prevoyance, alors on pourra avec moins de
peine trouver les moyens d'aſſûrer la liberté
& le repos de l'Europe.

XII.

Il eſt neceſſaire pour la conſervation de ſa
liberté, que les deux Maiſons ſubſiſtent, &
ſubſiſtent floriſſantes toutes deux. Ce que
j'ai expoſé juſqu'ici dans cet Ecrit, prouve
évidemment, que ſi l'une des deux s'affoiblit trop, la liberté generale s'affoiblira de
même.

Tant que Rome & Carthage conſervérent
ch   leur puiſſance entiere, la terre fut
        itôt qu'on eût permis que Rome
triom-

triomphât de Carthage, les Republiques &
les Royaumes devinrent des Provinces de
l'Empire Romain.

Si des retours de fortune inefperez n'euffent fauvé Rome des armes d'Annibal, qui
étoit dejà à fes portes ; Carthage eût été la
maîtreffe de l'Univers, comme Rome le
devint : & fi Maffiniffe avec une partie de
l'Afrique ne fe fût pas joint aux Romains
contre Carthage, ou s'il eût fçu s'arrêter, &
arrêter fes nouvêaux Alliez, avant qu'elle
eût été reduite à de honteufes conditions, la
ruine entiere de cette fuperbe ville n'eût pas
été, comme elle le fût peu de tems après,
l'ouvrage de trois années feulement.

Perfonne aujourd'hui n'eft frappé de ces
celebres exemples ; on ne daigne prefque
plus les citer, ni les confiderer, parce qu'ils
font trop connus de tout le monde ; l'attention s'y eft, pour ainfi dire, ufée. Ce font
pourtant toûjours de grandes leçons pour
ceux qui font appellez au Gouvernement des
Etats.

Les Rois & les peuples, pendant ces fan-
glantes guerres de Rome & de Carthage,
virent long temps flotter la deftinée du monde : ils pûrent la retenir, & ils la precipiterent.
Ils forgerent les fers qu'on leur fit porter.
S'ils fe fuffent tous également detachez de ces

deux

deux redoutables Rivales, avant que l'une des deux eût trop abbaissé l'autre; & s'ils les eussent contraintes à faire la paix entre elles, au lieu de les aider à faire la guerre; ils se fussent conservez eux-mêmes en les sauvant toutes deux.

Les deux Maisons, pour qui tant de milliers d'hommes repandent leur sang, sont Rome & Carthage pour l'Europe. De leur conservation depend sa liberté, comme celle de l'Univers dependit de la conservation de ces deux fameuses Republiques.

XIII.

De même que la liberté depend de la conservation des deux Maisons; le repos de l'Europe depend d'une certaine proportion, & d'une égalité de forces, qu'on doit mettre entre elles; afin que n'esperant gueres de pouvoir rien emporter l'une sur l'autre, elles ne se portent pas aisément à s'attaquer; & qu'elles servent aussi reciproquement l'une contre l'autre de rampant & de defense aux Etats inferieurs.

C'est, dit-on, un système chimerique, que cette pretenduë égalité. On la cherche depuis long tems, & il est impossible de la trouver.

J'avouë que si par ce mot d'*Egalité* on veut

enten-

entendre un nombre égal de villes & de places ; une égale quantité des sujets ; un espace de terre égal ; situation pareille des villes ; pareille fertilité des terres ; c'est une entreprise folle que de penser à l'établir.

Il n'apartient qu'à la main de celui qui a donné à la terre l'Equilibre, qui la soutient de son propre poids, de disposer des Couronnes, & de faire cette égalité naturelle & precise. Elle ne depend pas des hommes, dont le pouvoir est borné, & dont la volonté doit se soumettre aux regles de la justice ; mais il est une égalité politique & morale, qui produira le même effet que la naturelle, & qui depend toûjours du jugement & de la prudence des hommes.

XIV.

Pour parvenir à former cette seconde égalité, il faut tâcher de faire un jugement sain des forces & de la foiblesse de l'une & de l'autre Maison : il faut non seulement considerer les Etats que chacune a dans son partage, mais il faut examiner le genie & le caractere de chacune.

La France, qui est le partage de la Maison qui en porte le nom, est sans doute le plus beau & le plus considerable Royaume de l'Europe. Ses Provinces toutes limitrophes

&

& ramaſſées enſemble, forment un ſeul Continent ſuperbe, qu'aucune enclave n'incommode.

La fecondité des terres, le nombre des villes, la multitude des habitans, leur genie laborieux & adonné également aux arts, au commerce, aux ſciences, à la guerre; leur attachement à leur Monarchie & au ſang de leurs Princes, pour qui ils ne refuſent jamais de ſacrifier leur vie & leurs biens; ont toûjous rendu ce Royaume redoutable dans un tems même, ou ſes limites étoient plus reſerrées, qu'elles n'ont été depuis.

Aujourd'hui qu'elles ſont plus étenduës, il en eſt peut-être moins à craindre. Sa propre grandeur eſt un poids, qui l'embaraſſe & le contraint: elle lui a fait des beſoins & des neceſſitez, à quoi ſes revenus ne peuvent plus ſatisfaire. En reculant ſes frontieres, & s'il eſt permis de parler ainſi, en élargiſſant ſon cercle, la France y a renfermé des païs qu'elle eſt obligée de garder contre eux-mêmes, bien loin d'en tirer quelque ſecours pour ſoulager les autres.

Autrefois ſes plus groſſes armées ôtoient moins d'hommes à la culture des terres, que ſes ſeules garniſons indiſpenſables n'en enlevent à préſent. Autrefois dix huit millions lui ſuffiſoient pour mettre de grandes flottes

en

en mer ; aujourd'hui ils ne lui suffisent qu'à peine pour conserver ses ports & ses havres. Son entretien ordinaire ne peut plus se soutenir que par des efforts ; & ses sujets ne sont plus en état d'en faire.

Par une semblable élevation poussée au dernier periode, la Monarchie Espagnole si puissante sous Philippe II. se trouva peu de tems après si affoiblie, qu'elle n'a pû encore se relever.

Les Provinces qui composent les Etats que tient la Maison d'Autriche, occupent infiniment plus de terrein que la France : quelques - unes aussi fertiles ne sont pas moins peuplées ; mais elles ne sont point ensemble, coupées par des enclaves, dispersées dans un immense trait de terre, & comme separées les uns des autres. Differentes Nations les habitent : elles ont differentes mœurs ; differents langages ; avec un Gouvernement different ; quoi qu'elles ayent un même Souverain : ce sont, pour ainsi dire, des membres épars, qui ne forment point de corps.

La Dignité Imperiale, qui éleve cette Maison au dessus des autres, est élective, & ne lui appartient pas : mais elle la possede depuis plus de deux siecles, & l'usage qu'elle en fait, & cette longue possession, qui devient

vient

vient comme hereditaire, recompenſent abon-
damment tous les deſavantages de la ſituation de ſes autres Etats.

On peut dire qu'elle eſt Souveraine de
l'Allemagne. Elle poſſede ces vaſtes champs
de Mars, cette pepiniere inépuiſable d'hommes guerriers, la terreur des anciens Maîtres
du monde. Ce ſont encore les mêmes hommes, qui ont une fois reduit Auguſte à
pleurer de deſeſpoir; & reduit ſouvent les
autres Empereurs à devenir comme tributai-
res. Elle les remuë, elle les agite, elle les
determine comme elle veut, même ſans les
conſulter : s'ils ne ſont pas ſes ſujets, ils ſont
au moins ſi devouez à ſes volontez, & ſi
accoutumez à la deffendre, que de l'attaquer,
c'eſt la faire regner ſur eux, & lui donner de
nouvelles forces.

A ces traitez, qu'il eſt neceſſaire d'examiner avec plus de ſoin que je n'en apporte
à les tracer, il faut joindre la conſideration
de l'effet que peut produire ſur l'Europe la
ſucceſſion d'Eſpagne, ajoûtée au partage de
l'une, ou de l'autre des deux Maiſons. Quel
ſera cet effet, ſi dans la Maiſon d'Autriche la
Monarchie d'Eſpagne retournoit un jour à
celui qui tiendroit l'Empire, ou ſi l'Empire
arrivoit à celui qui regneroit en Eſpagne ?
Quel ſera ce même effet, ſi de deux branches
déjà

déjà formées dans la Maison de France &
établies par une double filiation, l'une regne
en France, & l'autre regne en Espagne ? Car
il y a trop de Princes dans cette Maison, pour
aprehender que chez elle-les deux Monarchies
se reünissent sur un seul. Enfin à cette con-
sideration il en faut encore ajoûter d'autres
plus importantes, pour juger sainement de la
force ou de la foiblesse des deux ennemies.

X V.

Ce n'est pas seulement par l'étenduë, · &
par la qualité des Provinces, par le nombre
des places & des habitans, que les sages
politiques jugent de la force, ou de la foiblesse des Etats : ils en jugent avec plus de
certitude par la constitution, & le caractere
du Gouvernement ; & c'est cette derniere
connoissance, qui les determine dans les partis qu'ils ont à prendre. Un Etat reserré dans
un court espace de terrein, est quelquefois
plus à craindre par la maniere dont il se gouverne, que n'est un vaste Empire, qui avec
beaucoup de terres & d'hommes, a un mau-
vais Gouvernement.

Les Atheniens étoient plus puissants que
Philippe, Roi d'une petite Province presque
toûjours tributaire : mais ils étoient legers &
inconstans dans leurs resolutions ; il étoit per-
severant

feverant & invariable dans les fiennes. Si les
Theffaliens euffent été de bons .Politiques ,
au lieu de fe liguer avec lui , ils euffent for-
tifié le parti d'Athenes ; & Philippe n'eût
jamais affujetti la Grece ; Alexandre n'eût
jamais conquis l'Afie.

- Il faut donc comparer la conduite des deux
Maifons dans leur Gouvernement , & examiner leur politique , & l'efprit de leurs
confeils avec plus d'exactitude que la grandeur ou la petiteffe de leurs Etats.   Je ne fçai
fi j'en juge bien ; mais je croi que la Maifon
d'Autriche reffemble affez à Philippe , & que
les ·François aprochent davantage des Atheniens.

· La Maifon d'Autriche toûjours enveloppée
d'un exterieur modefte , a toûjours marché
dans des voyes obfcures & cachées , diffimu-
lant fouvent fes deffeins , & ne les abandon-
nant jamais. Sous differens Princes avec differens Miniftres , toûjours conduite par un
même efprit , elle ne s'eft jamais divifée ni
contrariée elle-même ; affoiblie ou floriffante
elle n'a jamais perdu de veuë aucune des en-
treprifes de fes peres , apliquée fans interrup•
tion à y travailler , & à les mener infenfiblement à leur fin.   Prefque tous fes Etats , &
dans ces derniers tems la Bohême & la
Hongrie & font un éclatant temoignage.

B

La

La Maison de France plus éclatante, plus magnifique, plus devoilée, s'il est permis de parler ainsi, a suivi des routtes tout opposées. Ses projets & son Gouvernement ont changé presque autant de fois que le Trône a changé de maître. Ses pretentions, & ses entreprises sous differents regnes, l'ont conduite tantôt en Italie, tantôt vers l'Espagne, & tantôt sur le Rhin : elle n'en a fini aucune, & les a toutes abandonnées. Sujette à des contradictions domestiques, & à des minoritez toûjours orageuses ; rarement on l'a vuë passer cinquante ans sans être agitée de quelque guerre civile : jamais on ne l'a vuë reprendre ou poursuivre un ancien projet sans être forcée à s'en detacher par le degoût ou l'inquietude de ses sujets.

Sur ces deux peintures, que je n'ai ni flattées ni chargées, on doit tâcher de connoître laquelle des deux Maisons peut former, peut conduire plus sûrement péndant des siecles entiers, de plus dangereuses entreprises sur la liberté de l'Europe. C'est celle-là, qui, quand elle seroit la plus foible, doit être regardée comme la plus forte.

XVI.

J'ai dit que pour établir cette égalité, qu'il est au pouvoir des hommes de donner, il est

necefneceſſaire de faire un jugement ſain de la force & de la foibleſſe des deux Maiſons : j'ai propoſé des principes , qu'il me ſemble qui peuvent conduire à juger ſainement : à preſent je ſoutiens ; & c'eſt une verité , qui n'a pas beſoin de grandes preuves ; que le jugement ſain ne ſe peut faire , qu'après avoir contraint les deux Maiſons ennemies à faire la paix.

L'entrepriſe n'en eſt difficile ni à l'Europe entiere , ni même à nôtre Republique ſeule ; ſi elle veut ſe donner la gloire de l'executer.

Ce n'eſt que dans la paix qu'on trouvera les lumieres dont on a beſoin. Les armes , tumultueuſes & ſujettes aux caprices de la fortune , ne ſont propres qu'à augmenter le deſordre & la confuſion , & qu'à empêcher qu'on ne diſcerne la verité. La guerre eſt une nuit , qui preſque toûjours cache également la perte , & le gain. La paix eſt comme un jour lumineux , qui les decouvre ; & le vainqueur ſe trouve quelquefois auſſi affoibli que le vaincu.

Mais cette paix , ſi on veut en tirer les connoiſſances & l'utilité qu'on cherche, on ne doit pas la traiter, comme on a traité preſque toutes celles , qui depuis quelque tems ont été concluës ; qui n'ont duré que peu d'années , & qui ont excité de nouveaux troubles. Il faut la faire équitable afin qu'elle ſoit ſolide.

Les

Les fentences arbitrales qui terminent les affaires des particuliers, produifent un entier affoupiffement de tous les debats; quand les avantages & les defavantages balancez avec exactitude ont été judicieufement difpenfez entre les parties. Les Traitez, qui fe font entre les grands Princes, pour apaifer ces fanglans procés qui fe pourfuivent avec l'épée, auroient un femblable effet, fi on y aportoit la même équité & la même exactitude.

Ce n'eft donc point une paix trompeufe & paffagere; c'eft une paix veritable & permanente que je defire, afin qu'on puiffe faire un jugement fain, & mettre l'égalité entre les deux Maifons.

Cette égalité encore, fi on veut qu'elle foit effective & durable, il faut qu'elle foit appuyée fur la juftice. Ainfi il ne la faut établir que pour la confervation de la paix, & feulement par une ligue conftante & étroite entre les autres Puiffances de l'Europe avec la Maifon qu'on jugera la plus foible, contre celle qu'on eftimera la plus forte.

Après la conclufion des Traitez de Weftphalie, plufieurs Etats de l'Allemagne firent une femblable ligue avec la France pour le maintien de la paix dans l'Empire : & en 1658. pour le même fujet fe forma la grande
ligue

ligue du Rhin, après quoi en 1659. on vit toute l'Europe pacifiée.

On dira peut-être que de semblables ligues sujettes à être oubliées, ou à se rompre par d'autres interêts, sont un contrepoids trop foible contre une puissance, qu'on aura trop laissé s'accroître. A cela je reponds que tout ce qui sort de la main de l'homme, est fragile comme lui, perissable & sujet à des vicissitudes : mais j'ai fait voir que tous les autres moyens, qu'il semble qu'on veut employer pour conserver la liberté & assûrer le repos de l'Europe, sont au contraire des moyens propres à la replonger sans cesse dans de nouveaux tumultes, & à lui faire perdre sa liberté.

Enfin j'adresse cet écrit à des hommes sages & équitables, qui connoissent l'interêt que nôtre Republique a au retablissement du commerce ; & qui après avoir ramené la paix sur la terre, s'en rendront les gardiens & les protecteurs.

REPON-

REPONSE
AUX
REFLEXIONS
SUR L'ETAT DE
L'EUROPE.

'AI lu, Monsieur, les RE-FLEXIONS SUR L'ETAT DE L'EUROPE, &c. que vous m'avez envoyé. Je vai m'acquiter de ma parole, & y joindre les miennes, comme je vous l'ai promis. Je ne sçai qui est l'Auteur de cette piece : il veut qu'on le croye Hollandois ; mais il laisse échaper des traits qui le demasquent aisément. Quoi qu'il en soit, ces reflexions sont très-captieu-ses, mais pourtant il est aisé de demêler ses artifices. On voit que la France voudroit engager les Provinces-Unies à faire leur paix, & à se rendre ensuite mediatrices entre les deux Maisons de France, & d'Autriche. Vous aurez vu sans doute une *Lettre d'un* pre-

tendu

tendu *Conseiller de Geneve* à un *Bourgemestre
d'Amsterdam*. C'est une piece du même genre
de celle-ci, l'une & l'autre tendent à donner
aux Provinces-Unies une jalousie très-forte
de la Maison d'Autriche; & à vous dire le
vrai, je trouve que le pretendu Genevois est
plus habile que le pretendu Hollandois.
Celui-ci raisonne plus, mais souvent ses raisons vont contre lui-même, comme je vous
le ferai voir dans la suite de ce discours.

J'avois eu d'abord en vuë de reduire tous
ces articles à certains Chefs. Je craignois
de tomber souvent dans des redites en repon-
dant à chaque article en particulier; mais j'ai
cru qu'il valoit mieux éviter l'obscurité, qui
accompagne souvent ces reponses vagues, &
suivre l'ennemi pié-à-pié, dusse-je devenir
par là plus prolixe, & sujet à repetitions.

I. L'article premier n'est mis que pour
mieux couvrir son jeu. Il pretend, comme
sujet d'une Republique, être en droit d'avertir
ses Compatriottes du danger qui les menace,
chacun y étant obligé comme membre, non
seulement passif de l'Etat, mais actif même;
ce qui n'est pas dans un Royaume, où il n'est
pas permis aux sujets de faire la moindre ré-
flexion sur la politique. Ce ne sera pas là-
dessus que nous differerons de sentiment: ainsi
je passe au second article.

B 4

II.

II. Nôtre Auteur regarde l'Europe dans un état de crise à present. Elle est partagée entre les deux Maisons d'Autriche & de Bourbon, qui, selon lui, paroissent se disputer la Monarchie Universelle. Les Alliez de ces deux Puissances s'épuisent, & par là il suppose que quelle de deux qui ait le dessus, elle ne trouvera plus d'obstacles à ses desseins, & de quelle maniere que les choses tournent, l'Europe est à la veille de se trouver dans l'esclavage. Je croi que cet homme se moque de nous : qui lui a dit que dans cette querelle la Maison d'Autriche combat pour la Monarchie Universelle ? Il est vrai que la France y tend visiblement, & que sans la puissante ligue qui s'y est opposée, elle en seroit venuë à bout ; mais par quelles demarches est-ce que l'Empereur & le Roi Charles ont fait connoître qu'ils avoient une pareille vuë ? Nôtre Hollandois insinuë que celles de cette Maison sont ordinairement fort cachées, & ainsi il ne seroit pas étonnant que les Alliez ne s'en aperçussent pas. Mais ce raisonnement ne peut éblouïr que des gens sans reflexion. Examinons la chose de près, & supposons avec lui que les deux Maisons combatent également pour la Monarchie Universelle, s'en-suivra-t-il de là que quelle des deux qui triomphe, reüssira dans son dessein ? Leurs
Alliez

Alliez s'épuisent, il est vrai; mais les deux
Maisons s'épuisent-elles moins? Il n'y a qu'à
considerer l'Etat de l'Empire, de l'Espagne
& de la France ; considerez par rapport à
celui de l'Angleterre & de la Hollande ; nous
verrons les trois premieres dans une pauvreté
inconcevable, épuisées d'argent & fort af-
foiblies en nombre d'habitans, pendant que
les deux dernieres font riches, & n'entre-
tiennent pae feulement de grandes flottes &
de grandes armées de terre, mais foutien-
nent celle de l'Empire, d'Italie, & de Catalogne par leurs finances, fans quoi ces trois
Etats ne fauroient entretenir la moitié de
troupes neceffaires : malgré ces depenfes im-
menfes l'Angleterre ne paye d'interêt que
cinq pour cent, & la Hollande quatre ; fi l'argent y étoit fi rare, l'Etat n'en auroit pas à fi
bon marché. Il n'eft pas vrai non plus, que
ni l'Angleterre', ni la Hollande s'épuife
d'hommes. Ils ont des formidables armées de
terre, mais plus de la moitié font des troupes
d'Allemagne : ainfi fi les Alliez perdent du
monde, c'eft plutôt aux depens de l'Empire
qu'au leur. Leurs flottes ont beau être nom-
breufes, elles ne depeuplent point le païs.
Celles que la France entretient, ne leur fait,
Dieu merci, gueres perdre de gens dans les
combats, & cent mille matelots fur nos vaif-
B 5
feaux

seaux de guerre ne courent pas plus de risque
que sur nos navires marchands. Ainsi, si
dans cette guerre quelques païs s'épuisent,
c'est sans contredit ceux des deux Maisons
rivales, qui, selon nôtre Auteur, se disputent la Monarchie Universelle : les autres
Alliez ne s'en sentent pas à proportion; Je
n'insiste pas , comme vous voyez , Monsieur, sur l'Etat où est la France par oppofi-
tion à l'Angleterre & la Hollande : son épuisement est assez connu , pour ne pas craindre
qu'elle nous envahisse de quelques années.

I I I. Dans le troisiéme article suppofant
toûjours l'épuisement des Alliez, il pretend
que si la France , toute accablée qu'elle est ,
pouvoit encore avoir quelqu'une de ses heureuses journées d'autrefois, elle nous mettroit encore dans la *dure necessité* de recevoir
la loi d'elle ; qu'une victoire gueriroit routes
ses playes , & redonneroit à ses peuples cet
esprit d'audace qu'ils avoient autrefois. Je
ne repons pas à present à cet article, je veux
même le lui accorder, s'il veut ; j'aurai occafion de l'aveu qu'il nous fait là , d'en tirer
de très-fortes consequences contre lui-même.
J'examinerai ce qu'il dit dans la suite, que
quoique la Maison d'Autriche paroisse à present dependente de ses Alliez , elle deviendra
cependant arbitre de leur sort , s'ils continuent

nuent à la faire triompher; que ce que feroit
une grande victoire pour la France, le moindre avantage le feroit pour sa rivale déjà pres-
ques à son but. Je n'ai pas grande chose à
dire sur ceci; j'ai déjà dit dans le precedent,
qu'il faudroit avant tout prouver que la Maison d'Autriche tende à present à la Monarchie Universelle; chose qui ne paroît à aucun
des Alliez, qui n'ont pas la vue si bonne que
nôtre Hollandois; ce seroit une folie que de
raisonner sur un faux supposé. J'aurai occasion de retoucher ceci dans la suite; ainsi je
ne m'y arrêterai pas. Je dirai seulement que
quand il seroit vrai que tous les Alliez seroient
aveugles sur ce point, ils ne sont pas tellement
affoiblis par cette guerre, qu'ils ne fussent en
état de s'opposer efficacement à des pareils
desseins, quand ils se manifesteroient.

IV. Nôtre Auteur s'étonne que d'habiles
gens soutiennent qu'on se peut fier à la moderation & à la reconnoissance de la Maison
d'Autriche. Il prétend que cette moderation
& cette reconnoissance sont des chimeres, &
sans exemple parmi les Princes. Quand on
lui accorderoit ceci parlant en general, on
pourroit toûjours dire, que cela ne conclud
rien en particulier. En general les Princes
ambitieux ne sont ni moderez, ni reconnois-
sans; il y a eu, & il y aura toûjours de l'am-

bition parmi les Souverains ; mais je prie du moins mon Hollandois de m'avouër une chofe, que ces difpofitions fe trouvent plus fouvent chez ceux, qui gouvernent leurs peuples defpotiquement, que chez ceux, qui les gouvernent par des loix équitables, & fur des conftitutions fondamentales. Or je vous demande, Monfieur, fi la Maifon d'Autriche regne defpotiquement en Allemagne, & en Efpagne, comme Louis XIV. regne en France ? L'Auteur des Reflexions pretend, que nôtre haine ne fçauroit ôter à la Maifon d'Autriche ce que nôtre amitié lui donne ; mais tout ceci n'eft fondé que fur la fauffe infinuation qu'il a coulée dans l'article fecond, que les Alliez s'épuifent pour mettre cette Maifon fur le pinacle ; j'y ai déjà repondu fuffifamment, en faifant voir que l'Empire s'épuife plus que nous. Il veut prouver cette grande puiffançe de l'Empereur par le credit abfolu dans l'Empire & en Italie, par les diftributions des graces en Allemagne, par le grand nombre de Fiefs qu'il s'aproprie par droit de devolution, & par ceux qu'elle donne à fes amis, qui font par là obligez à lui être fideles, & enfin par les grandes richeffes qui lui reviennent s'il reduit la Hongrie.

Examinons tous ces articles l'un après l'autre. L'Empereur a un très-grand credit en
Alle-

Allemagne, il eſt vrai ; mais d'où lui vient-il ?
Le voici, c'eſt qu'à preſent, & depuis long
tems même, on voit que la Maiſon d'Autriche
n'a nullement en vuë d'opprimer la Liberté
Germanique. Ou ce credit eſt perſonnel,
ou non ; s'il eſt perſonnel, c'eſt qu'on a
reconnu que l'Empereur d'aujourd'hui, auſſi
bien que Leopold d'heureuſe memoire, ſe
tenoit dans cette moderation que nôtre Hollandois tient imaginaire. Ce qui s'eſt paſſé
dans l'Empire depuis Charles-Quint juſques
à la paix de Weſtphalie, fait aſſez voir, que
quand les Princes & les Etats de l'Empire ne
trouvent pas cette moderation dans l'eſprit
de leurs Empereurs, ils ſçavent bien y mettre
ordre, & dès lors la Cour de Vienne perd
ce credit, dont on nous parle tant. J'en dirai
autant de l'Italie ; ſi les divers Princes qui la
compoſent, ſoupçonnoient que la Maiſon
d'Autriche tendît à opprimer la Liberté, on
verroit bientôt remuër ces Puiſſances pour s'y
oppoſer. Ce qui fait le grand credit de cette
Maiſon dans toute l'Europe, eſt ſa moderation d'un côté, & l'ambition inquiete de ſa
rivale de l'autre : que celle-ci prenne des meſures plus moderées, & de meilleure foi avec
ſes voiſins, & le credit de l'autre s'affoiblira
de ſoi-même. Quant à ces grands Fiefs que
l'Empereur s'apropie par droit de devolu-

tion, ou dont il fait des creatures, sont-ils en état de soutenir contre la puissance de France, tout affoiblie qu'elle puisse être? Et les amis qu'elle se fait par ses Fiefs, lui sont-ils toûjours fideles? Que n'a-t-il point fait pour la Maison de Baviere? qui dans cette guerre pour toute reconnoissance a mis lui & l'Empire à deux doigts de sa perte, & qui n'a été sauvé que par la puissance de ces mêmes Alliez, qui selon nôtre Auteur doivent subir son joug, s'ils continuënt à vaincre.

A l'égard de la Hongrie, je ne conçois pas quelles grandes richesses l'Empereur en tireroit, quand il l'auroit entierement soumise. Il est vrai qu'il y a des mines de bon or; mais pour en retirer la valeur de dix mille florins, il en coûte plus de neaf mille cinq cens. Je sçai bien que quand on n'en tireroit que pour en payer la depense, ce seroit toûjours un grand avantage pour le pais; puis que ce que on depense pour le retirer des mines, se depense dans le pais même; mais quand ces mines seroient aussi abondantes qu'elles ne le sont pas, ce Royaume coûtera toûjours à entretenir autant, ou plus que les revenus qu'on en tire. Le voisinage du Turc a fait assez voir par experience dans le siecle passé, qu'il faut de plus grands fonds qu'il n'en produît pour le soutenir. Il faut en vouloir terriblement

riblement à la Maison d'Autriche, & manquer bien de bonnes raisons pour la rendre suspecte, quand on en va étaler d'aussi fausses que celle-là : apparemment nôtre Hollandois croit que personne dans sa patrie ne sait la Geographie ni l'Histoire ; mais il se trompe assûrément.

Ayant ruïné toutes les suppositions de nôtre Auteur, je n'aurois que faire de rien dire sur le reste de cet article IV. mais je veux le suivre par tout. Ayant donc fait voir tous les avantages de la Maison d'Autriche, il suppose qu'on sera contraint pour s'opposer à ses desseins de faire des Ligues ; ce qui lui paroît impossible, à cause que parmi les Alliez il y en a qui dependent d'elle par leur situation, & d'autres par les bienfaits, & qu'il y en a d'autres qu'on ne sçauroit jamais lier avec la France.

Pour ce qui est de ceux qui sont trop près des Païs Hereditaires, qui sont les plus enclavez dans l'Allemagne, on a autrefois vû les Electeurs de Saxe & de Brandebourg, & je ne sçai combien d'autres Princes liez contre les Empereurs du tems de Gustave Adolfe. Dans cette presente guerre, nous avons vu un Electeur de Baviere, & un Electeur de Cologne declarez contre l'Empereur, malgré les bienfaits qu'en avoit reçu leur Maison ;

ainsi.

ainſi il eſt ridicule de dire qu'on ne pourroit faire de Ligues contre la Maiſon d'Autriche, quand elle changeroit de meſures, & temoigneroit aſpirer à la Monarchie Univerſelle, puis que dans le tems qu'elle ſe gouverne avec moderation, & qu'elle ne donne aucun ombrage à ſes voiſins, la France n'a pas laiſſé de trouver deux des plus puiſſans Princes de l'Empire avec qui ſe liguer.

Il veut inſinuër dans la ſuite que les Anglois ont une telle antipathie contre les François, qu'il feroit impoſſible de les liguer enſemble en cas de neceſſité : outre qu'on ne prevoit pas que l'Europe en ait jamais beſoin, l'experience nous fait voir le contraire. La France & l'Angleterre ont toûjours été étroitement unies pendant la vie de la Reine Elizabeth, & dans la ſuite même, tant que la Maiſon d'Autriche a fait ombrage ; pourquoi ne pouvonsnous plus revoir ce qui s'eſt déjà vu tant de fois ? Des trois articles precedens nôtre Hollandois conclud, que ſi les Alliez laiſſent agir le cours des armes plutôt que les negociations, l'Europe ſe donne infailliblement un maître ; que s'il en faut un, encore faut-il du moins le choiſir. Mais, dit-il, il n'eſt pas difficile de s'en garantir.

V. Il n'eſt pas difficile de voir de quel côté tomberoit ce choix ; ſi nôtre homme en

étoit

étoit cru, les grandes douceurs dont jouïf-
fent les François fous le tendre Gouvernement de fon Roi, nous le devroient faire
accepter fans balancer un moment: cependant Dieu merci il eft aifé de s'en garantir;
à ce que nous aſſûre nôtre bon Compatrio-
te, nous en verrons bientôt les moyens. J'ai
dêjà repondu par avance à cette fuppofition
que le fort des armes établit une des deux
Maifons fur l'Europe entiere, je vai faire quelques reflexions fur les negociations dont il
veut qu'on fe ferve pour éviter l'efclavage.
Ici je pers le Hollandois de veuë & je trouve
en fa place non feulement un François, mais
un de ces François dont on fe fert pour les
intrigues fecretes; c'eft-à-dire, fans pudeur
ni fans bonne foi. D'où font venus tous les
malheurs de l'Europe depuis la paix des
Pirenées ? C'eft qu'on a voulu les prevenir
par les negociations plutôt que par les armes,
& quand on a été contraint de fe fervir de ce
dernier remede, on ne s'en eft pas fervi aſſez
long tems. Lors qu'en 1667. la France attaqua les Païs-Bas, ou crût éteindre ce feu par
les negociations : on l'aſſoupit, il eft vrai, pour
trois ou quatre ans , mais en 1672. il en
penfa coûter la ruine entiere des Provinces-
Unies, qui ne furent delivrées que par mira-
cle, & par les armes de la Maifon d'Autriche :

&

& non pas par des negociations. Les, Etats
Generaux, qui n'étoient point encore accoutumez à traiter avec la nouvelle Cour de
France, se laisserent surprendre par le même
raisonnement qu'on fait aujourd'hui dans ce
Memoire. On leur fit comprendre que la
guerre leur étoit ruïneuse, à cause de leur
commerce; que d'ailleurs c'étoit trop risquer
que de remettre leur destinées au sort des
armes, qui pouvoient peu en leur faveur,
quand elles leur seroient favorables, & qui
pouvoient les perdre sans ressource, si elles
leur étoient contraires. Qu'il valoit mieux en
venir à des negociations : que s'ils vouloient
faire la paix en particulier, la France les faisoit arbitres des differens avec les autres
Princes. Les Etats furent éblouïs de ce raisonnement; ils ne prirent pas garde que la
peur seule faisoit ainsi parler les François. Le
Parlement d'Angleterre vouloit que Charles
II. se declarât en faveur des Alliez. Ce sage
corps politique s'étoit bien aperçu des vuës
de la France, & jugeoit sainement des
moyens efficaces qu'il faloit employer pour
les prevenir; mais les Etats, de trop bonne
foi, se fierent aux trompeuses promesses d'un
Conseil qui depuis cinquante ans se fait une
gloire de n'en tenir pas une. On traitta donc
à Nimegue. Ces negociations servirent-elles

beau-

beaucoup aux Alliez pour les mettre à couvert contre les desseins de Louïs XIV ? Voici à quoi elles aboutirent; à prevenir la declaration d'Angleterre, à endormir les Alliez, à les faire desarmer, & à laisser faire en pleine paix une guerre sanglante à la Maison d'Autriche. On la vit dans les Païs-Bas, sur le Rhin, & en Catalogne successivement. On negocioit pourtant, mais que signifient des negociations contre une Puissance qui viole tous les traitez & les sermens les plus solemnels. En 1689. on vit encor recommencer la guerre plus sanglante que jamais. Je dirai de la fin de celle-ci, ce que j'ai dit de la fin de la premiere; la France souhaitoit ardemment la paix; elle craignoit que le Roi d'Espagne ne mourût dans le tems que nous aurions les armes à la main, & qu'ainsi elle ne pourroit par ses pratiques placer son petit-fils sur ce Trône. Elle leurra à son ordinaire les Alliez par des negociations; la paix se fit 1697. mais trop tôt: si on avoit soûtenu la guerre encore quelques années, on auroit prevenu les malheurs de celle-ci. Les plus habiles gens n'y furent pas trompez; on voyoit bien que ce ne seroit pas une paix de longue durée; on crut pourtant l'affermir par une nouvelle negociation qui fut celle du Traitté de Partage: à quoi a-t-elle abouti ?

abouti ? à faciliter à Louïs XIV. les moyens de faire mieux reüssir ses desseins, & à se rendre maître de la Monarchie d'Espagne. Voilà, n'en deplaise à nôtre Auteur, le bel effet des moyens qu'il nous offre pour éviter l'esclavage ; moyen fatal qui déjà plusieurs fois nous a mis à deux doigts de nôtre perte. Pour moi, qui ne juge de l'avenir que par les exemples du passé, je voi par l'Histoire de cette Republique qu'elle n'a reüssi à affermir sa liberté que par une guerre de septante ans ; & je voi au contraire qu'elle s'est toûjours vuë embarassée par des negociations qu'elle fait de bonne foi, & qui ont toûjours de malheureuses suites. Je sçai bien qu'il faut en venir à la paix, mais il faut avant avoir rendû cette paix necessaire à l'ennemi, non pas necessaire à ses desseins cachez comme les precedentes, autrement ce sera toûjours à recommencer ; mais il faut que l'ennemi craigne pour lui-même, il faut le reduire à cette foiblesse que la guerre ne depende plus de lui. Alors l'Europe sera en repos. Or je vous demande si ce sera par les negociations qu'on le reduira à ne plus rien entreprendre ? J'en appelle à l'experience.

VI. & VII. Nôtre Auteur dans les articles VI. & VII. refute la pensée de ceux, qui voudroient remedier aux dangers que

court

court l'Europe de devenir la proye du vainqueur en établissant une égalité entre les Puissances qui la composent, je ne m'arrêterai point là-dessus, cela ne fait rien à la question entre nous ; j'admire pourtant son raisonnement sur la Democratie, l'Aristocratie, &c. quoi que je ne sache pas à quel but il en parle. Je lui conseille de relire l'Histoire Grecque, il rectifiera un peu son raisonnement.

VIII. Après avoir fait voir dans les articles precedens, qu'une égalité entre les puissances n'étoufferoit point la discorde, il nous donne ici un meilleur moyen pour y parvenir, c'est d'entreprendre d'établir une autre égalité. C'est entre les deux Maisons Rivales, qui comme deux Citadelles defendent l'Europe contre les ennemis du dehors : mais il dit que toutes les fois qu'on a voulu affoiblir la trop grande puissance de l'une, on n'a songé qu'à l'abîmer, & jamais à la reparer quand elle avoit été mise trop bas. Ceci est très-faux assûrement. La Maison d'Autriche a-t-elle donné de l'ombrage ? on a songé efficacement à l'abaisser, & jamais à la detruire. Si dans son abaissement elle a été attaquée par la France, on l'a soutenuë ; & on ne peut prendre de mesures plus justes. Je voi bien où nôtre Auteur en veut venir ; il veut toûjours qu'on envisage les deux Puissances

sances comme pouvant par elles-même disposer du sort de l'Europe, suivant la situation
où elles se trouveront; mais il se trompe:
c'est ce qu'on veut prevenir, ou veut bien
que les deux Maisons restent florissantes: elles le sont assez par l'étenduë & la beauté des
états qu'elles possedent, mais on ne veut pas
qu'elles empietent l'une sur l'autre, ni sur
aucuns de leurs voisins, on ne craint rien
d'elles qu'en consequence de leurs usurpations,
& voilà ce qu'on previendra toûjours lors
qu'on s'unira contre celle des deux qui veut
usurper.

IX. Ceci peut servir de reponse au commencement de son article IX. dans lequel il
continuë de faire voir, que dans toutes les
querelles entre ces deux Maisons, l'Europe a
trop voulu affoiblir l'attaquante. Du tems de
Charles-Quint on a trop abaissé la France;
à la paix de Westphalie on a trop abaissé la
Maison d'Autriche &c. une preuve qu'il se
trompe, c'est que par experience elles subsistent toutes deux, & qu'il est à croire que
par la paix prochaine chaqu'un aura ce qui lui
appartient. Il pretend que le hazard seul a fait,
que les desseins de l'une, ni de l'autre rivale
n'ont reüssi, & qu'il n'est pas de la prudence
des Alliez de fonder leur salut sur les coups
du hazard. Si je voulois entrer dans un examen

men long & peut-être ennuyeux, je lui ferois bien voir que ce n'est point tant le hazard qui a sauvé l'Europe des mains des deux Maisons, que sa situation naturelle dans ce tems-là: mais quand cela seroit, la prudence doit faire à present ce que le hazard a fait ci-devant. Depuis la ruine de l'Empire Romain, les idées de Monarchie Universelle s'étoient perduës. Chaque Prince se gouvernoit selon son penchant. S'il étoit fougueux & actif, il vouloit devenir conquerant, sans autre vuë que de satisfaire sa passion. Charlemagne se trouva le Maître presque de toute l'Europe, mais ce fût sans dessein, & par les seuls coups du hazard : ni lui, ni son Conseil n'avoient fait de système de politique qui tendît à rien de semblable. Aussi ses successeurs eurent bientôt fait disparoître cette grandeur naissante, qui n'ayant point de racine, fût comme une fleur qu'un jour fait naître, & qu'un autre jour detruit. La constitution du Gouvernement de France dans ces tems-là n'étoit nullement propre à faire naître à ses Rois des desseins si ambitieux, & si depuis Charles VIII. jusques à Henri II. la France attaqua ses voisins, c'étoit plutôt par cet esprit remuant des Princes, que par aucun dessein formé sur l'Europe. Charles-Quint fût le premier qui bâtit ce système de Monarchie Universelle;

c'étoit

c'étoit un genie superieur, penetrant & con-
noissant bien l'Etat des Cours de son tems. Le
hazard l'avoit élevé à un prodigieux accroisse-
ment de grandeur ; il se voyoit heritier d'une
vaste Monarchie , & de quantité d'Etats
puissans & riches, qui étoient venus dans sa
Maison par heritages & par alliances. Plus
politique & plus prevoyant que François I.
il sût se faire élire Empereur, en se presen-
tant sur les frontieres de l'Empire à la tête de
quarante mille hommes dans le tems que le
Roi de France se fioit sur ses seules. negociations.   Charles - Quint sans s'éblouïr de sa
grandeur vint à ses fins par des voyes cachées ;
il colora toûjours ses entreprises du beau
nom de justice, ou de Religion ; il conce-
voit fort bien que pour regner absolument
sur toute l'Europe , il ne faloit pas tant songer
à se faire obeïr par la force & par les conquêtes sans fondement, que par les intrigues.
Il divisoit tant qu'il pouvoit les membres de
l'Empire, & sous pretexte de venger l'un,
il opprimoit l'autre, & s'il avoit été plus
long tems en état de soutenir ses projets, il
les auroit enfin conduits à leur perfection :
mais comme il n'est pas aisé d'établir en peu
de tems une puissance si étenduë, il laissa à
ses successeurs le soin d'achever ce qu'il avoit
si habilement commencé ; mais il ne leur laissa

pas

pas son genie ; Philippe II. Prince fier &
imperieux , se fiant trop sur ses forces & sur
son habileté , ne garda plus de mesures , il
manifesta un peu trop ses desseins , c'est ce
qui engagea tant de Princes à se tourner du
côté de la France , qu'on croyoit non seulement hors d'état d'avoir une pareille ambition , mais même incapable d'en former &
d'en suivre long tems les desseins. L'Europe
ne voyoit pas encore la raison qui rendoit si
uniformes toutes les demarches de la Maison
d'Autriche , quoi que diverses branches , &
divers Princes regnassent en même tems , ou
successivement. Quoi qu'ils fussent d'un
genie different les uns des autres , on étoit
fort surpris de leur voir toûjours les mêmes
maximes : on crut que cela venoit du tour
d'un genie particulier à cette Maison-là , & nôtre Auteur l'insinuë par tout son Memoire ;
mais il se trompe , ou peut-être il veut nous
tromper. La politique est reduite en art
depuis Charles - Quint : cent Ecoliers qui
étudieront Aristote , auront beau être de
genie different, ils seront tous Peripateticiens.
Il y a presentement des systêmes de politique
établis , qui servent de texte à ces differens
Princes qui se succedent ; ils ne suivent plus
tant leur penchant particulier , ou ils l'ac-
commodent à leurs principes. Ainsi il n'y

C

a qu'un peu plus ou un peu moins dans l'execution, suivant le genie des Princes. Mais ces systêmes ne font dangereux que pendant qu'on ne s'en aperçoit pas. L'Europe les a ignorez en partie jusques après l'abdication de Charles-Quint; mais son fils, comme je l'ai déjà dit, ne cacha pas assez bien son jeu, & depuis ce tems-là aussi la Maison d'Autriche a toûjours reculé au lieu d'avancer, & par la paix de Westphalie elle a vu la necessité où elle étoit de renoncer à son projet, & de se contenter de s'assûrer ce qui lui restoit de sa grandeur, ne songeant qu'à prevenir les desseins ambitieux de sa Rivale. Je me suis étendu sur ceci, Monsieur, parce que dans tout le Memoire de nôtre Auteur, il supose que la Maison d'Autriche bâtit toûjours sur le même plan, & que les Alliez sont si aveugles qu'ils n'en voyent rien. Ceci me servira même dans la suitte pour reponse à divers autres articles, sur lesquels je serai plus succint.

X. Nous voici, Monsieur, à l'article le plus important, & où nôtre Hollandois devient enfin tout-à-fait François sans menagement.. Avant la paix de Westphalie, dit-il, on s'étoit trop jetté du côté de la France; à present on se jette trop du côté de la Maison d'Autriche. On ne parle que de l'*Enrichir*, l'*Enrichir*, & d'*Appauvrir* sa Rivale; on veut lui ôter, non seulement ce qui lui est écheu par des Testaments & par des droits legitimes, mais mêmes les acquisitions qui lui ont été cedées par les Traitez d'Aix la Chapelle, de Nimegue & de Ryswyck. Je m'arrêterai d'abord à ce point, avant que de passer au reste. Vous m'avouërez bien, Monsieur, qu'un veritable Hollandois ne s'exprimeroit point dans des termes pareils, & ne reconnoîtroit point pour droits legitimes ni le Testament, ni les autres droits pretendus de la Reine Marie Therese sur les Païs-Bas. Il faut être François pour cela, & François Bourboniste; car encore ne veux-je pas faire ce tort à toute la Nation, de la croire incapable de discerner le juste de l'injuste, quoi que selon les apparences ce sont des notions, qui lui soient étrangeres; du moins en fait de Politique, science très-ignorée du general de cette Nation : mais venons à l'examen de la justice de ces droits pretendus.

L'Espagne avec toutes ses dependances est un bien substitué, qu'on ne peut laisser par Testament que selon la substitution, laquelle a même été faite du consentement de toutes les parties. Louïs XIII. a renoncé à toutes ses pretensions quand il se maria avec

C 2

l'Infante,

l'Infante, Anne d'Autriche; Louïs XIV. y a renoncé lui-même en épousant Marie Therese. Si tant de sermens ne sont pas capables de rendre solide une renonciation, il ne faut plus admettre de justice dans le monde, & ne reconnoître que la loi de la force. Il est certain que quand Marie de Medicis fit le traité du double mariage, l'Espagne n'y auroit jamais consenti, si elle avoit pu prevoir que par là elle attiroit un Prince François sur son trône; sa vuë en étoit bien éloignée, & elle crut y pourvoir en s'expliquant auparavant. Elle fit ses conditions avant signer le Contrat; c'est que Louïs XIII. renonceroit absolument pour lui & ses heritiers à la succession d'Espagne, sans quoi ce mariage ne se seroit jamais conclu. Cet accord se fit de gré à gré; ce ne fut point la force qui engagea Louïs XIII. à signer cet article, on a beau dire qu'il n'y avoit en cela aucune justice : *Volenti non fit injuria.* C'est une verité reconnuë de tous les peuples; c'étoit à la France à accepter ces conditions ou à se departir d'une pareille Alliance. Si elle a bien voulu s'en contenter, elle n'a plus lieu de s'en plaindre. On a beau dire qu'un pere ne peut ceder que ses droits, mais non pas ceux de ses enfans ; c'est un raisonnement captieux;

captieux ; car les droits des enfans ne font
tels qu'entant que ce font ceux de leur pere ,
& fi ce pere s'en eft departi , avant que les
enfans fuffent au monde , & même comme
condition du mariage , jamais ce droit ne lui
a appartenu ; & par confequent il n'appartient point aux enfans après lui , puis que ,
comme je l'ai déjà dit , ils n'y ont d'autres
droits que ceux de leur pere. De particulier à
particulier les renonciations ont lieu , pourquoi n'en auroient-elles pas de Prince à
Prince ? Les loix & la raifon ne font-elles
donc pas faites pour eux , auffi bien que
pour le refte des hommes ? Si cela eft , encore un coup , il ne faudra plus parler d'équité
dans les traitez ; il n'en faudra même plus
faire. A quoi bon s'engager de part & d'autre par des articles de paix ? à quoi bon les
jurer , fi les enfans font en droit legitime de
les rompre , fous pretexte qu'un pere ne peut
renoncer pour lui & pour fes enfans. Pour
moi , je ne fçai pas toutes les Rubriques des
Avocats , qui font plutôt chicane que
Jurifprudence ; je m'en tiens au bon fens &
à l'équité , qui veulent que quand deux parties
conviennent de gré à gré de certains articles , qu'elles les ont fignez & qu'elles ont
juré de les obferver , elles y foient engagées
veritablement , & que le premier qui les

                          viole ,

viole, est injuste & usurpateur. Si cela n'est pas juste, il n'y a rien dans le monde qui le soit.

Notez, Monsieur, que je parle des Traitez faits de gré à gré, ensorte que les deux parties pouvoient ne les pas faire si elles vouloient, tels sont les deux mariages de Louïs XIII. & de Louïs XIV. Je fais cette remarque pour cause, & pour me servir des mêmes principes que nôtre Hollandois établit dans l'article suivant. Ceci ne regarde que le Testament & les droits legitimes dont il parle. Il est certain qu'on ne peut changer les substitutions par des Testamens subsequens : ainsi, quand il n'y auroit d'autres raisons à dire contre celui, en vertu duquel le Duc d'Anjou s'est mis en possession de la Monarchie d'Espagne, cela seul suffiroit ; mais j'ajoûterai qu'il y a bien de la mauvaise foi dans le Conseil de France , si reconnoissant qu'un pere ne peut pas renoncer aux droits de ses enfans, il ne laisse pas de faire des Traitez contraires à ces droits, tels que le fameux Traité de Partage : ce seul article detruit toute pretention de droit legitime. Ce qui surprend le plus nôtre Auteur, est qu'on ne s'en tient pas là , & qu'on veut même ôter à la France ce qui lui a été cedé par divers Traitez, soit d'Aix la Chapelle, soit de Nimegue,

soit

foit de Ryswyck ; c'eft ce que j'examinerai
dans l'article fuivant. Je viens à la feconde
partie de cet article. L'Auteur croit que
l'Europe feroit à plaindre, fi la France acceptoit les propofitions qu'on lui a faites ;
toûjours fondé fur ce qu'après avoir reduit
la France fi bas, la Maifon d'Autriche don-
neroit à fon tour de l'occupation, & qu'on
feroit contraint d'exhorter la France à fe relever de fes pertes pour s'oppofer à cette puiffance. Sur quoi eft-ce que ce raifonnement
eft fondé ? Je veux accorder à nôtre Hollandois pour un moment que la Maifon d'Autriche n'a point renoncé à la Monarchie univerfelle, s'enfuit-il qu'elle fera en état. d'y
parvenir, fi les Alliez reüffiffent à contraindre fa Rivale à accepter les preliminaires ?
Y demembre-t-on la Monarchie Françoife ?
Lui ôte-t-on quelqu'une de fes anciennes Provinces pour les donner à fon ennemi ? Lui
fait-on rendre autre chofe que ce que la France a ufurpé depuis la paix des Pirenées ? Lui
ôte-t-on même tout ce qu'elle a envahi ? Suppofé même qu'on en vint là, qu'arriveroit-il ?
La Maifon d'Autriche fe trouveroit dans la
même fituation dans laquelle elle étoit après
la paix des Pirenées & de Weftphalie. Or
chaqu'un fçait affez, & lui-même l'a avoué
que dans cette fituation-là on l'avoit reduite
C 4

trop

trop bas, & que fi la France eût alors pouffé
fa pointe, l'Europe étoit infailliblement perduë. Puis qu'avec tous les païs que poffe-
doit alors la Maifon d'Autriche, & qui font
en partie ceux qu'on lui veut faire reftituer
aujourd'hui, elle n'a pas été en état, non feulement d'envahir l'Europe, mais même de fe
foutenir contre la France feule, qui n'avoit
que fon ancien Royaume, & très-peu d'acqui-
fition de plus : par quelle vertu magique, en
revenant dans le même état, fe trouvera-t-elle
affez puiffante, non feulement pour fe defendre feule contre cette même puiffance, mais
même pour fubjuguer le refte de l'Europe ?
On me dira que la France eft accablée, &
c'eft ce que nôtre Auteur étale dans cet article. Non pas, dit-il, que la France n'ob-
fervât le Traité fi elle le fignoit, fon malheu-
reux état dans les finances, & la ruïne de fes
peuples l'y contraindroient. Enfin j'entends
dire quelque chofe de jufte à nôtre Auteur !
il avouë qu'il n'y a qu'un extrême mifere qui
puiffe forcer la France à obferver les Traitez,
ou du moins il n'exige de nous autre confian-
ce en fa parole, que celle qui eft fondée fur fa
grande mifere. J'en fuis d'avis auffi bien que
lui, & c'eft ce que je foutiens par tout ; mais
il faut examiner de bien près fi elle eft à ce
point tant defiré des Alliez : c'eft fur quoi il

ne

ne faut pas se tromper, autrement ce seroit
un monstre furieux, qui après s'être delassé
quelque tems, & repris de nouvelles forces,
viendroit fondre sur nous pour nous devorer.
J'avouë que la France est très-embarassée
dans ses finances, & qu'elle s'est épuisée de
bons soldats par de si longues guerres : mais
ne se souvient-il plus de ce qu'il nous a dit
dans l'article III. que les Alliez sont dans un
tel épuisément, que si la France pouvoit avoir
une seule de ces heureuses journées d'autrefois, cela gueriroit ses playes, & reduiroit
les Alliez à la *dure necessité* de recevoir encore
la Paix de ses mains.   Voilà un langage qui
ne sied gueres à une puissance si épuisée, ou
cet épuisement est bien mis là mal à-propos.
Tant il est vrai que quand on soutient une me-
chante cause, on court risque souvent de se
detruire soi-même.   Pour moi je soutiens une
opinion qui est appuyée de l'experience ; c'est
que quand on reduiroit la France au Traité
des Pirenées, on la laisseroit toûjours assez
puissante pour se soutenir elle-même contre la
Maison d'Autriche, puis que dans cet état-là
elle ne s'est pas seulement soutenuë , mais
qu'elle a même eu assez de forces pour mettre toute l'Europe à deux doigts de sa perte ,
& qu'elle a lutté seule pendant plusieurs années contre toutes les Puissances qui la com-

C 5

posent,

poſent, liguées contre elle. C'eſt un fait conſtant, dont on ne ſçauroit diſconvenir : qu'a-t-on donc à craindre de ſa foibleſſe ? ſi on la laiſſe en meilleur état qu'elle n'étoit quand elle a commencé d'attaquer les autres. Par les Preliminaires on lui laiſſoit la Franche-Comté & le Cambreſis, qu'elle n'avoit pas autrefois, & ſans quoi elle n'a pas laiſſé de ſe ſentir aſſez forte pour attaquer ſa Rivale, & à preſent elle ſe croiroit perduë, ſi on lui ôtoit ſes autres conquêtes. En verité cela n'eſt gueres de bonne foi.

Si on a lieu de craindre que la guerre ſe rallume, c'eſt plutôt par le trop de forces qui reſtent à la France, que par ſa trop grande foibleſſe. Il eſt vrai qu'elle eſt à preſent fort accablée ; mais c'eſt le ſeul païs d'Europe qui ait l'avantage de ſe remettre promptement ; ſes Provinces ſont fertiles, ſes denrées ſont meilleures & plus recherchées que celles des autres païs ; ſes habitans ſont induſtrieux, & la plupart de leurs manufactures s'envoyent de tous côtez, où on les vend par preference ; les modes ſeules, auſquelles tous les autres païs ſe ſont aſſujettis, ſont une ſource de richeſſe pour elle. Voilà des avantages qu'on ne ſçauroit lui ôter, & voyons par quelques exemples de quelle conſequence ils ſont. La France ſans contredit s'étoit épuiſée par une

guerre

guerre longue & ruïneuse pendant le ministe-
re de deux Cardinaux; elle finit par lá Paix des
Pirenées en 1659. & en 1666. ellé fut obligée de declarer la guerre à l'Angleterre, en
faveur de la Hollande.   Il est vrai que la paix
se fit peu de tems après à Breda; mais en
1672. on vit cette formidable puissance dans
le cœur des Provinces-Unies, & peu après
avoir à faire à l'Espagne & à l'Empire, sur
lesquels elle emporta des avantages considerables.   Elle avoit de puissantes flottes par mer;
elle avoit de nombreuses armées par terre;
elle faisoit des depenses immenses en fortifications pour assûrer sa marine, aussi bien que
ses frontieres; elle prodiguoit ses finances dans
les Cours étrangeres pour s'y faire des creatures, en Angleterre sur tout, dont le Roi lui-
même étoit son pensionaire aussi bien que son
conseil.   Ne sembloit-il pas qu'en 1678. lors
qu'on fit la Paix de Nimegue, la France dût
être épuisée, & qu'elle avoit besoin d'un long
repos? Elle étoit épuisée, il est vrai, mais
cinq ans après la paix elle se trouvoit entierement remise.   Je n'en suis pas surpris, puis
que tous les autres païs lui devoient pour solde de compte du commerce qu'ils y faisoient:
l'Angleterre devoit plus de huit millions tous
les ans; la Hollande plus de vingt millions;
les autres païs à proportion.   Si vous ajoûtez
C 6   à

à cela fon commerce dans les Indes Occiden-
tales , d'où il lui revenoit des fommes immen-
fes tous les ans , vous jugerez aifément qu'en
1688. que recommença la guerre, la France
étoit plus riche que jama's , malgré les depenfes prodigïeufes qu'elle faifoit de tous côtez.   Il eft vrai que cette guerre l'a mife dans
un état auquel elle ne s'eft jamais vuë, &
qu'il lui faudra plus de tems à fe remettre ;
mais fi on confidere que pendant le tems qui
s'eft écoulé depuis 1678. jufques en 1689. le
Roi n'a pas difcontinué de faire de prodigieu-
fes depenfes , qu'il faifoit fortifier continuel-
lement, qu'il achetoit des villes de qui lui en
vouloit vendre , qu'il fe faifoit des creatures
dans toutes les Cours , qu'il entretenoit près
de trois cens mille hommes , qu'il attaquoit
tantôt une place & tantôt une autre fous pretexte de reünion, on concevra aifément, que
fi au lieu de trois cens mille hommes elle n'en
entretient que cinquante mille , qu'elle n'ait
point de fourdes pratiques dans les Cours
étrangeres , qu'elle ne faffe plus de fi grandes
depenfes en fortifications , ni en bâtimens,
en ce cas-là en moins de dix ans elle fera encore affez riche & affez forte pour faire ombrage à fes voifins ; qu'on compare ce qui fort
de denrées & de manufactures de France
avec ce qui fort d'Efpagne , & des terres
appar-

appartenant à la Maison d'Autriche en Allemagne, & on verra la différence qui se trouve entre l'épuisement des deux puissances rivales, & que si on doit craindre l'une des deux, c'est assûrement celle de France même, reduite à la paix des Pirenées.

XI. Nôtre Auteur dans son article XI. donne à l'Europe deux regles pour assûrer son repos & sa liberté. La premiere est de ne faire jamais de Traitez seulement pour le tems present, mais même pour l'avenir ; que souvent ce qui paroit avantageux d'abord, est très-dangereux dans la suite ; que si on pousse trop un ennemi à bout, il s'en vengera ou lui ou les siens, à qui il substituera son ressentiment ; qu'un ennemi se remet peu-à-peu de ses pertes, & qu'à la premiere occasion il écrasera ceux qui l'auront voulu detruire ; c'est-à-dire en bon François, que la Hollande doit prendre garde à elle ; que si elle abuse à present de son bonheur, & qu'elle veuille trop humilier Louïs XIV. lui ou ses descendants s'en vengeront ; qu'ils doivent s'attendre que la France se relevera de ses pertes, & qu'alors la Republique sera écrasée. Il pouvoit ajoûter plus, s'il eût voulu ; il pouvoit dire que la France sait se venger non seulement, quand on l'abaisse, mais même quand on veut l'empêcher de s'agrandir ; d'où est venu cet orage

qui

qui vint fondre fur les Provinces-Unies en
1672? c'eſt de la triple Alliance qu'elles firent
après la paix d'Aix la Chapelle pour la conſervation du reſte des Pais-Bas. Ainſi puis
qu'on ne peut éviter de choquer cette Maiſon qu'en ſe ſoumettant, & qu'on n'a pas intention de ſe ſoumettre, il vaut mieux prendre le parti de l'abaiſſer tout-à-fait, c'eſt du
moins le plus ſûr. Auſſi bien la Hollande
doit compter que la haine eſt toute formée,
& que ſi la France ne s'en venge pas, ce ſera
parce qu'elle ne pourra; il faut donc tacher à
la mettre dans cette impuiſſance. Elle pourra
ſe remettre de ſes pertes, dit-il; j'en conviens; je l'ai prouvé dans l'article precedent,
& c'eſt à cauſe de cela qu'on ne la ſauroit
mettre trop bas.

L'autre precaution encore plus neceſſaire,
dit nôtre Auteur, eſt de faire revivre en Europe cette équité naturelle qu'une fauſſe politique en a bannie depuis long tems. On ne
connoît, dit-il, d'autre droit que la bien-
ſeance & la force. En verité, voilà qui eſt
bien édifiant, de voir un Courtiſan François
prêcher l'équité pour fondement des Traitez.
Vous y ſeriez-vous jamais attendu? ſi ceci
étoit de bonne foi, on pourroit dire qu'il n'y
a rien de tel pour ramener un homme dans le
chemin de la vertu qu'un peu d'adverſité;
mais nous decouvrirons, & nous l'avons
même

même dejà bien decouvert: que si le desir de la justice est réel chez eux, la justice en elle-même n'en est gueres connuë. On croit être habile Politique, dit nôtre Auteur, d'abattre un ennemi, pour prendre chez lui ce qui accommode le vainqueur. J'en conviens: mais qui est-ce que tout ceci regarde? qui est-ce qui depuis la paix des Pirenées a reüni à son Etat celui de ses voisins sous ce pretexte de reünion, & réellement par bienseance? qui est-ce qui n'a reconnu d'autres droits que la force? En verité la France ne devroit jamais toucher cette corde-là; c'est se faire son procés elle-même.

On ne doit jamais, selon lui, fonder des Traitez sur une injustice manifeste. Celui qui la souffre, ne le fait que parce qu'il ne peut l'éviter, & se releve quand il peut. Je conviens avec lui du principe & des consequences; mais encore un coup, ce n'est pas à un François à parler de la sorte. Il est vrai qu'il a eu soin de nous avertir dans l'article precedent de ce qu'il appelle juste. Le voici. C'est les droits de la Maison de Bourbon sur la Monarchie d'Espagne, & la possession des places des Pais-Bas cedées par les Traitez d'Aix la Chapelle, de Nimegue & de Rys-wyk. Pour le premier point, j'y ai dejà repondu. Pour les places des Pais-Bas, je
m'en

m'en tiens à sa propre maxime ; c'eft que
pour faire des Traitez folides il faut les fonder
fur la juftice, parce que ceux qui font lezez,
ne fouffrent l'injuftice qu'autant qu'ils y font
forcez par la neceffité des tems. C'eft jufte-
ment ce qu'il eft arrivé dans les trois Traitez
de paix mentionnez. On fut forcé, pour
éviter de plus grands maux, de ceder à la
France, au prejudice de la Maifon d'Autriche, quantité de places & de Provinces,
dont Louïs XIV. s'étoit mis en poffeffion
contre la juftice & l'équité. On fe flatoit qu'il
fe contenteroit de ces acquifitions, & qu'il
laifferoit l'Europe en repos, c'en étoient la
proprement les conditions ; mais puifque
malgré cela, il n'a pas laiffé de continuër à
troubler le repos public, & que les Alliez
trouvent l'occafion de redreffer les chofes, &
rendre à chaqu'un ce qui lui eft dû, il n'eft
pas étonnant ni injufte qu'on le faffe ; c'eft
venir au but de nôtre Auteur, il n'a pas lieu
de s'en plaindre. Mais ce n'eft pas là fon
compte. Chez lui poffeffion vaut titre : hé
bien ! nous n'avons qu'à prendre à nôtre
tour, alors nous poffederons, & ce fera là
nôtre titre. Dieu nous preferve d'établir de
pareilles maximes !

XII. Dans le XII. article nôtre Auteur
étale de très-belles reflexions politiques, fur

les

les guerres Puniques ; mais par malheur pour lui elles sont ici très-mal placées. Il est necessaire pour conserver la liberté de l'Europe, dit-il, que les deux Maisons subsistent florissantes, & il a assez prouvé à son avis dans les articles precedents, que si une des deux est trop affoiblie, la Liberté generale s'affoiblit aussi. Quand je lui accorderois ce point, il n'y gagnera pas grande chose : j'ai déjà prouvé que la France reduite au traité des Pirenées est encore assez forte pour faire l'équilibre ; ainsi par ce raisonnement de nôtre Auteur, il faut l'y ramener pour avoir la paix ; n'y revenons donc plus. Pour faire voir la necessité de cet équilibre, il fait de grandes reflexions sur la faute que firent tous les Princes, qui laisserent Rome & Carthage se disputer l'Empire du monde sans les balancer l'une par l'autre, & qui permirent que cette derniere Republique fut entierement detruite. A quel propos tout ceci ? l'Europe a-t-elle fait la même faute ? il y a cent cinquante ans & plus que les deux Maisons se disputent la superiorité ; sont-elles venuës à bout de se detruire ? Les autres Etats de l'Europe sont-ils restez spectateurs oisifs de cette querelle ? Point du tout ; ils ont successivement pris le parti du plus foible, & ont reduit le plus fort à la raison ; ainsi ils n'ont pas attendu les avis

salufalutaires de nôtre Politique , & felon les apparences ils n'en feront pas même tout le cas qu'il fouhaiteroit.

XIII. Dans l'article fuivant il revient à la charge , & pretend qu'il faut fonger à établir cette égalité entre les deux Maifons telle que l'une ne puiffe raifonnablement pretendre de rien gagner fur l'autre , au quel cas nous ferons en repos. Mais ne lui deplaife , cela feul n'eft pas fuffifant ; fi elles étoient trop puiffantes chaqu'une en leur particulier à proportion des autres Etats , il ne faudroit qu'un rien pour perdre l'Europe. Une des deux peut avoir des accidens imprevus , & l'autre d'heureufes conjonctures inefperées. Il ne faut que d'habiles Generaux d'un côté, & des Generaux infideles de l'autre , pour renverfer tout l'équilibre ; c'eft ce que nous avons vu dans les guerres paffées , & même dans celle-ci. Un Turenne , un Schomberg, un Prince de Condé d'un côté , grands hommes en toutes leurs parties ; & un Caprara de l'autre , toûjours gagné par les Jefuites plus amis de la France que de l'Empereur ; un Prince Louïs de Bade , dont la conduite a été très - fufpecte , quand il a commandé contre les François; je ne fai combien d'autres, dont l'ignorance ou la mauvaife volonté ont fouvent ruïné les affaires , font affez voir

qu'on

qu'on ne doit pas fe fier à cet équilibre prefent. D'ailleurs il faut regarder la conftitution
des Etats, & voir de quel des deux côtez de
pareils incidents font le plus à craindre. Si
quelque General en France ne fait pas fon
devoir, fur le champ on le change, & on en
met un autre en fa place. Il n'en eft pas de
même à l'égard de l'Empereur, il peut à la
verité en faire autant dans fes propres troupes; mais il ne peut ôter un General établi
par l'Empire; nous en avons des exemples
recents. Ainfi il eft à fuppofer que ce changement de circonftances fera toûjours à l'a-
vantage de la Maifon de Bourbon plutôt qu'à
celui de fa rivale. Mais pour prevenir des dangers de cette nature, il faut fonger à renforcer chaque membre des Alliez en particulier,
afin qu'ils foient en état de mettre le hola,
lors qu'une des deux voudra troubler le repos
public, & fortir des bornes qui leur feront
prefcrites. C'eft là l'etat où va fe trouver
l'Europe, s'il plaît à Dieu, après la prochaine paix. Les Princes d'Allemagne n'ont
jamais été plus puiffants; ils peuvent maintenir la liberté Germanique fans qu'aucun
étranger fe mêle de leur querelle. Jamais la
Grande Bretagne n'a été plus forte qu'à prefent, & l'union des deux Royaumes la met
en état de fe faire craindre; fes richeffes, &

la

la bravoure de ſes ſoldats tiendront toûjours
en reſpeєt celle des deux Maiſons qui voudroit mal-à propos recommencer la guerre.
Les Provinces-Unies n'ont jamais été dans
une ſituation pareille à celle d'aujourd'hui ;
ils peuvent ſe flater de ne poſer point les armes qu'ils n'ayent établi de fortes barrieres qui
les garantiront des inſultes d'une Maiſon, qui
leur en veut terriblement, quel beau ſemblant
qu'elle faſſe.   C'eſt entre de pareilles mains
qu'il faut depoſer la puiſſance ſi on veut vi-
vre en repos, & non pas entre celles des
Princes ambitieux.   On ſçait aſſez que l'Angleterre ne ſonge point à faire de conquêtes, ni même n'y peut ſonger.   Leurs Rois
ne peuvent faire la guerre ſans le ſecours des
Parlements qui ne permettront point de pareilles entrepriſes : ils ſavent bien que le
bonheur des peuples ne depend point de la
grandeur des Etats, lors que cette grandeur
ne peut ſe ſoutenir que par les armes : ils
ſavent bien que les conquêtes les oblige-
roient à avoir toûjours des armées ſur pied,
dont le Prince ſeul diſpoſe, & ſouvent au
prejudice de la liberté de ſes ſujets.   Ils ſont
contents de leur Etat aſſez puiſſant pour ne
craindre pas d'être attaqué par l'heureuſe
ſituation de leurs Royaumes, & ne ſongent
point à troubler le repos d'autrui tant qu'on
ne

ne troublera pas le leur. J'en dis autant des Provinces Unies , qui ne fouhaitent autre chofe qu'à fe conferver , & à affûrer leur Etat par de fortes barrieres , & non pas à conquerir. Puis que ces deux Puiffances ne peuvent fonger à faire de conquêtes , on les peut regarder à bon droit comme defintereffées , & il eft jufte qu'elles foient enfemble arbitres des differens des autres Puiffances , puis qu'on ne remet jamais d'arbitrage qu'entre les mains de gens defintereffez.

Dans cet article nôtre Auteur fuit toûjours fa pointe , il veut qu'on s'attache fortement à établir l'équilibre entre les deux Maifons : pour y parvenir il entre dans le detail des avantages & du defavantage de leur fituation , oppofant l'un à l'autre , pour qu'on puiffe juger fainement de quel des deux côtez on doit avoir le plus d'ombrage , & Dieu fçait en faveur de qui il fe determine. La France , il eft vrai , dit-il , poffede un vafte Monarchie ramaffée enfemble , fans avoir aucunes terres enclavées ; ainfi chaque partie peut fecourir les autres fans obftacle. Les peuples y font nombreux , laborieux & induftrieux ; ils poffedent des terres fertiles , dont les denrées font recherchées ; ils font habiles dans le Commerce & dans les Manufactures , bons foldats , & fi attachez à

leurs

leurs Princes, que cet attachemnet les a rendus formidables dans le tems même que leurs limites étoient plus refserrées qu'auparavant.

Ce qu'il dit-là, est vrai au pied de la lettre; mais je crains bien pour lui, que cette verité ne ruine ses pretensions.

XIV. Il insinue dans la suite que la France s'est affoiblie en éloignant ses frontieres, parce qu'elle a renfermé chez elle de nouveaux peuples, qu'elle est obligée de garder contre eux-mêmes, ce qui l'oblige à des depenses excessives. Il faut encore lui accorder ceci. Or comme par tout il nous veut faire peur de la Maison d'Autriche, si nous affoiblissons trop la France, il est de nôtre prudence de la renforcer de nôtre mieux. Il nous decouvre son foible, c'est d'avoir étendu ses frontieres; il faut y pourvoir incessamment, en la renfermant dans ses anciennes bornes : alors elle reprendra sa premiere vigueur, étant plus refserrée & sujette à moins de depense, comme il le prouve lui-même dans la suite de ce paragraphe. Nôtre Auteur dans la suite passe à la Maison d'Autriche, dont il dit le fort & le foible; quoi qu'elle possede, dit-il, beaucoup plus de terrein, elle n'est pas si puissante de ce côté-là, à cause que ce sont des membres épars qui ne forment pas un corps regulier;

tant

tant de peuples differens , de mœurs , de
loix , & de langage ne peuvent former un
étroite liaifon : tout cela eft vrai auffi. Mais,
dit-il , ces grands defavantages font balancez par bien des circonftances, quoi que l'Empire foit électif , la longue poffeffion le rend
comme hereditaire. Elle difpofe de tout
l'Empire , qui eft une pepiniere de bons foldats que l'Empereur gouverne comme il veut.
Il a beau faire , tous ces grands avantages ne
balancent pas tous ceux de la France , fur tout
fi la Monarchie d'Efpagne refte en fa famille.
Suppofé qu'une troifiéme Maifon poffedât
l'Efpagne , celle d'Autriche ne feroit pas capable de fe foutenir par elle-même contre la
Maifon de Bourbon , & je ne fçai fi fon credit dans l'Empire feroit capable de la foutenir , à moins que quelque autre Puiffance ne
s'en mêlât : que feroit-ce donc fi l'Efpagne
refte Françoife ? Nôtre Politique pretend
qu'il y a plus de danger que les deux branches
de la Maifon d'Autriche fe reüniffent , que les
deux branches de Bourbon , qui font dejà fe-
parées par une double filiation. Effectivement l'Empereur n'a point d'enfans , Charles
I I I. n'en a point encore : mais qui lui a dit
qu'ils n'en auront point ? ils font encore affez
jeunes pour cela. _ On a vu des Maifons très-
appuyées manquer d'heritiers directs dans

moins

moins de rien, temoin celle de Valois; &
d'autres au contraire former bien des branches d'une seule souche, temoin Louïs XIII.
Mais supposé qu'effectivement une des deux
branches d'Autriche manquât, & que l'Empire & l'Espagne fussent reünis sous le même
maître, quel mal en apprehenderions-nous ?
Seroit-ce la premiere fois ? Charles - Quint
s'est bien vu sur les deux Trônes à la fois, &
bien plus puissant même que ses descendans
ne le sçauroient devenir, puis qu'il possedoit
les XVII. Provinces, la Franche - Comté
& l'Alsace; cependant la liberté de l'Europe
n'a pas laissé de se maintenir : nous sçavons ce
qui pourroit arriver de la part de cette Maison en pareil cas, c'est - à - dire, rien de
plus que pendant que les deux branches auroient subsisté, puis qu'il avoüe lui-même,
qu'elles se sont toûjours parfaitement accor-
dées dans leur vuë, ainsi qu'il y en ait deux
ou un seul qui regne de deux côtez, c'est tout
égal.   D'ailleurs les peuples d'Allemagne ne
peuvent faire changer le commerce ni les
maximes du Gouvernement à l'Espagne, à
cause qu'il se fait très-peu de choses d'un côté
qui soit necessaire à l'autre.   Les Espagnols
sont faineans, & peu propres aux manufactures & au travail.   Ainsi tant qu'ils seront sous
un Prince d'Autriche, les choses subsisteront
toûjours

toûjours comme elles ont' été depuis si long
tems , & toute l'Eufope trouve fon compte à
cette fituation. Mais fi l'Efpagne refte dans
la Maifon de Bourbon, tout changera im-
manquablement de face dans peu d'années;
c'eft fur quoi il eft neceffaire que je faffe quelques reflexions.

Depuis le tems que la Maifon d'Autriche
regne en Efpagne, on n'a point vu les vaif-
feaux de l'Empire naviger dans le Nouveau
Monde Efpagnol, pas même ceux de Naples
& de Sicile, quoique membres de la Monarchie; & à peine Philippe eft-il affis fur le
Trône, qu'on a vu dans le Perou plus de Navires Marchands de France qu'on n'en avoit
vu d'Efpagnols depuis fa conquête. On peut
juger par ce commencement ce à quoi on devroit s'attendre, fi les chofes reftoient comme
elles font à prefent; on verroit bientôt la Nation de France prendre le deffus fur toutes
celles de l'Europe. C'eft ce que je vai vous
faire voir.

Il eft certain que l'accroiffement ou la diminution de la marine depend de l'accroiffement
ou de la diminution du Commerce. La France
en eft une preuve; il y a affûrement plus de
peuple dans ce Royaume-là qu'en Angleterre;
il y a cependant beaucoup moins de Matelots,
parce qu'il y a moins de Commerce; mais

ſi les François étoient maîtres du Nouveau
Monde, dans moins de rien tout ce commerce dependroit d'eux. Comme je l'ai déjà dit,
les Eſpagnols ne ſont point propres aux Manufactures ; ils fourniſſent aux autres Nations
de quoi pouſſer les leurs, & ne ſavent pas
s'en ſervir. Ils ont chez eux des mines de fer,
& cependant on ne voit dans la Nouvelle
Eſpagne d'autres ouvrages de fer que ceux
qui viennent des Païs étrangers. Ils fourniſſent l'or & l'argent au reſte de l'Europe, &
cependant tout l'or & l'argent filé, ſoit galon,
ſoit dentelle, viennent ou de France, ou de
Geneve. Ils ont des Laines dont on ne peut
ſe paſſer ailleurs pour pouſſer les manufactures à leur perfection, cependant toutes les
étofes de Laine leur viennent d'Angleterre &
de Hollande. Ils ont abondance de ſoye, ſoit
en Sicile, ſoit ailleurs, & cependant ils tirent
toutes leurs étofes de ſoye, de Genes, de
Veniſe, de France ſur tout & de divers autres
endroits. Les ſoyes de Meſſine ſur tout ſont
de ſi grande conſeqnence pour la fabrique des
plus belles étofes, que ſi la France en étoit la
maîtreſſe, elle auroit bientôt remis ſur pied
ſes manufactures delabrées à Tours, & à
Lion. Elle a déjà un grand avantage ſur les
autres Nations à l'égard des ſoyeries ; il eſt
certain qu'on ne peut atteindre ailleurs à cette

eau

eau & à ce luſtre qu'on voit dans les étoſes
qui ſe fabriquent dans ces deux villes ; ce ſeroit encore pis , ſi elle ſe mettroit en poſſeſſion
de toutes les ſoyes de Meſſine. Les François ,
il eſt vrai , n'ont pu pouſſer les draps de Laine
à la perfection de ceux d'Angleterre , mais ſi
elle s'emparoit des Laines d'Eſpagne , bientôt elle auroit ſur les Lainages les mêmes
avantages qu'elle a ſur les ſoyeries , & non
ſeulement l'Eſpagne , mais toute l'Europe
& le Levant en tireroient de là plutôt que
d'ailleurs. Les ports avantageux qu'a cette
Couronne dans la Mer Mediterranée , où
elle ſeroit abſolument la Maîtreſſe , ſi elle
poſſedoit la Monarchie d'Eſpagne joint au
grand avantage de ſes manufactures , auroit
bientôt ruiné le Commerce des autres Puiſſances dans le Levant. A peine la Maiſon de
Bourbon ſeroit elle en paiſible poſſeſſion de
cette vaſte Monarchie , que les François trou-
veroient bientôt le moyen de s'arroger tout
ce Commerce du Vieux & du Nouveau Monde ; il leur ſeroit même très-aiſé : i's n'auroient qu'à defendre la ſortie des Laines
d'Eſpagne par d'autres Navires que par
ceux de France , & en faire autant à Meſſine pour les ſoyes , & par ce coup ſeul elle
viendroit à bout d'abatre ces deux branches
de Commerce en Angleterre & en Hollande.

D 2

Elle

Elle n'auroit qu'à établir de gros droits d'entrée, sur toutes les autres marchandises qui entreroient à Cadix par des vaisseaux qui ne seroient pas François, & alors voilà qui seroit fait du Commerce des autres Nations.

Cadix est proprement la Caisse de l'Europe; c'est là où chaque Nation paye la solde de son Commerce avec les autres Nations; mais si on étoit assez aveugle pour ne remettre pas les choses sur l'ancien pied, le reste de l'Europe auroit si peu de part à ce Commerce que la solde de Cadix ne seroit d'aucune ressource pour eux.

Je dis bien plus, si les François restent les Maîtres de la Monarchie d'Espagne, peu-à-peu ils pourront ruïner ou du moins diminuer le Commerce des Anglois & des Hollandois dans les Indes Orientales. Ils sont entreprenans; ils seront les Maîtres de la mer du Sud, d'où ils peuvent faire partir tel nombre de vaisseaux qu'il leur plaira pour les Philippines. Les Espagnols se contentent d'y envoyer tous les ans une Hourque; mais les François ne s'en contenteroient pas: ils établiroient commodement par la mer du Nord de grands magazins de Marchandises propres pour les Indes; ils les feroient aisément passer dans la mer du Sud jusques à Panama, d'où pourroient partir leurs Navires, qui

trouvent

trouvent jufques aux Philippines une mer
toûjours douce, qu'on traverfe en peu de
tems malgré la longueur du trajet. Ils re-
viendroient par le Nord le long des côtes
de Jeſſo fans rifque jufques à Acapuleo, où
ils pourroient établir leurs magazins de re-
tour, comme font les Efpagnols, ou les faire
revenir à Panama le long des côtes.

Cette navigation eſt plus commode & plus
fûre que celle qu'on fait par le Cap de Bonne
Efperance. Il feroit aifé de tirer des magazins de Panama toutes les marchandifes par la
mer du Nord, & cette grande facilité feroit
fi avantageufe, que peu-à-peu ils ruïneroient
les deux Compagnies de Hollande & d'Angleterre. Voilà, Monfieur, probablement
ce qui arriveroit fi on laiffoit la Monarchie
d'Efpagne dans la Maifon de Bourbon. Ce
ne font point des fuppofitions. Si dans le
tems que les François avoient tant de raifons
pour menager les Efpagnols, du moins jufques
à la fin de la querelle, ils n'ont pas laiffé de
fe rendre les maîtres de prefque tout le commerce du Nouveau Monde, que ne feront-
ils pas quand ils n'auront plus rien à craindre ?
Nôtre bon Hollandois ne voudroit-il point
encore prevenir ces inconveniens par des negociations, ou par des bons reglemens de
commerce ? En ce cas je le renvoye à l'ex-

D 3

perience,

perience, qui lui apprendra qu'on n'en a jamais
fait avec la France qu'elle ne les ait violez
immediatement après les avoir signez. Con-
clusion de tout ceci, Monsieur, que nous n'a-
vons rien à craindre pour nôtre Commerce
quand l'Empire & l'Espagne seroient sous un
même Chef, & que nous avons tout à craindre, non seulement si la France & l'Espagne
étoient sous un même Prince, mais même si
elles se trouvent dans la même Maison.

XV. Je viens à present à son XV. article,
où il nous veut insinuer que nous ne devons
rien craindre de cette Puissance, parce que la
force d'un Etat ne depend pas de la qualité des
Provinces, mais du génie qui gouverne. Or,
selon lui, la Maison d'Autriche est ferme &
constante à soutenir ses projets ; abbaissée, ou
élevée, elle tend toûjours au même but ; au
lieu que les François sont naturellement in-
constants, leurs desseins plus devoilez, &c.
Relisez tout cet article, car il est curieux ;
je vous y renvoye.

Tout ce qu'il dit là des François, étoit vrai
autrefois, mais les autres peuples n'étoient
pas plus fixes, dont je pourrois citer bien des
exemples. Les choses ont bien changé depuis quelque tems ; je vous en ai dit les raisons dans l'article IX. La France ne se gouverne plus entierement par caprice. Depuis

le

le Miniftere du Cardinal de Richelieu on n'a
plus vu ces anciennes irrefolutions ; on a fuivi
un plan fixe. Cet habile Politique commença
par abatre la Maifon d'Autriche ; c'étoit par
où il faloit commencer pour parvenir à la Monarchie Univerfelle : il avoit fait le plan pour y
reüffir, & malgré la foibleffe de Louïs XIII.
malgré le changement de Miniftere, malgré
la minorité de Louïs XIV. & les troubles
inteftins du Royaume dans ce tems-là, vous
n'avez point vu que la France ait perdu fon
point de vuë; elle a toûjours marché à grands
pas vers fon but, où elle feroit arrivée, fi on
laiffoit Philippe fur le Trône d'Efpagne. Il
n'y a inconftance qui tienne ; on fuit un fyftê-
me, qui fixe tout le mercure de cette Nation.

XVI. Nous voici enfin parvenus au dernier
article. Là nôtre Hollandois fe furpaffe, &
par des traits d'éloquence il veut perfuader ce
qu'il auroit bien peine à prouver par la raifon.
Sa vuë feroit que les Etats fiffent leur paix
premierement, & qu'après ils fuffent les Me-
diateurs entre les deux Maifons, & que par
leur fentence arbitrale ils decidaffent ce fameux procés. Belle conclufion, & digne
de l'exorde ! Quoi ? dans le tems que toutes
les forces de l'Europe ne peuvent reduire la
Maifon de Bourbon à la raifon, il voudroit
qu'une fentence arbitrale pût le faire ? Je croi

D 4

que

que cet homme a perdu l'esprit , ou qu'il croit que nous n'avons pas le sens commun. Les Etats jouënt-ils donc un si petit personnage dans les armées de terre & de mer, qu'ils puissent faire leur paix sans consequence pour les Alliez ? & si ces Alliez , même joints à nous ont tant de peine à établir cet équilibre ; que sera-ce , si nous nous en detachons ? Certes ceci ne devroit point se refuter serieusement. Ne vous divertissez-vous point de l'idée de nôtre Auteur ? Pour moi , je vous avouë qu'elle me paroît fort rejouïssante; il me semble voir cette sentence arbitrale des Etats signifiée à Louis XIV. par un Envoyé , par laquelle ils trouvent à-propos qu'il rende tout ce qu'il a usurpé sur ses voisins , & qu'il rende à Charles III. toute la Monarchie d'Espagne. Voilà assûrement , comme je l'ai prouvé , quel en doit être le contenu pour établir l'équilibre tant souhaité. Ne jugez - vous pas que le porteur seroit bien payé des frais de son voyage ? Et n'êtes-vous pas très-persuadé que sur le champ Louïs XIV. retireroit ses troupes d'Espagne & des païs conquis, & que le Duc d'Anjou reviendroit à Versailles ? Mais supposé qu'ils n'en voulurent rien faire , comme il y a grande apparence , devant quelle Cour les citerons-nous ? Il faudra donc recommencer la guerre pour les y contraindre !
Hé

Hé bien ! la sentence arbitrale est dressée, on l'a envoyée en France par Monsieur de Torci ; ils n'ont pas voulu s'y tenir ; nous continuons la guerre. Toùt cela est dans l'ordre ; tout le defaut de nôtre procedure, dira nôtre Auteur, est que nous ne sommes pas neutres à present, & qu'il faut être en paix pour pouvoir juger sainement des choses. Selon nôtre Hollandois, la guerre est comme une nuit, qui cache aussi bien la perte que les avantages ; la paix au contraire est comme un jour lumineux, qui decouvre la verité à plein ; & alors souvent le vainqueur se trouve plus affoibli que le vaincu. Ne diriez-vous pas que tous les Conseils de l'Europe sont dans la mêlée ; que le feu, la fumée & la poussiere leur cachent ce qui se passe ; que tout ceci est un combat de nuit où personne ne sçait qui a l'avantage, & où l'aîle droite croit être victorieuse, pendant que le corps de bataille est en deroute. Ce n'est en verité pas là la peinture ni du Conseil de la Grande Bretagne, ni de celui de Hollande, ni d'aucun autre des Alliez : si celui de France a perdu la tramontane, il n'en est pas de même de celui des Alliez. On l'a sorti hors de son plan favori, & on ne lui donne pas le tems d'en former un nouveau ; voilà d'où vient son embarras. Les Alliez au contraire suivent leur projet sans obstacles considerables ;

bles ; dès avant prendre les armes, ils ont sçu
ce qu'ils vouloient faire. Ce n'est point un
projet formé dans la mêlée, & pendant la nuit
de la guerre, à laquelle ils n'ont eu recours
que pour en venir à ce qu'ils avoient pro-
jetté dans le jour de la paix : ainsi nous n'a-
vons rien à craindre des tenebres dont il nous
parle.

Après avoir fini si burlesquement cette
grande querelle, il nous propose des moyens
pour maintenir la paix, qui ne sont pas moins
ridicules que la sentence arbitrale. On fera
de Ligues defensives, dit-il, comme on en fit
après la paix de Westphalie. On voit bien par
là quelle doit être cette sentence selon lui, &
qu'il pretend qu'on laisse à la France ce qui lui
est legitimement échu par testament, par
droits legitimes, & par divers Traitez de paix ;
car il nous a déjà dit qu'il n'y a pas moyen de
faire de Ligues contre la Maison d'Autriche,
ni avec la France : ainsi il faudra les faire avec
la premiere contre la derniere. Oh, le beau
moyen d'établir l'équilibre ! Toute la force
réelle & fixe d'un côté, & de l'autre seulement
des Ligues sujettes à mille revolutions chaque
jour : il l'avouë lui-même, & après s'être fait
cette difficulté, il la laisse sans reponse. Il a
raison : avec toute son éloquence difficilement
feroit-il venu à bout de prouver que l'Europe

puisse

puisse se fier sur un tel équilibre. Ne lui en
deplaise, les Preliminaires sont le seul moyen
d'y reüssir; il est impossible d'en trouver un
meilleur.

On a beau dire que c'est vouloir rendre la guerre éternelle; que jamais Louïs XIV. ne se re-
soudra à faire sortir son petit-fils d'Espagne; que
tout ce qu'il peut faire, est d'en retirer ses troupes,
& de promettre de ne l'aider en aucune maniere; au quel cas il nous seroit aisé de faire mon-
ter Charles III. sur le Trône. Tout cela sont
des contes; ce seroit là bien plutôt le moyen
d'allonger la guerre. Quand même Louïs XIV.
agiroit de bonne foi, nous serions toûjours
obligez de faire passer de nombreuses troupes
par mer dans ce païs-là, ce qui ne se peut faire
qu'avec des frais extraordinaires, & beaucoup
de risque. Mais qui nous assûrera de la bonne
foi du Roi de France? Seroit-ce l'experience du
passé? Nous avons vu ce qu'il fit après la paix
des Pirenées, par laquelle il s'étoit engagé de
n'aider le Portugal ni directement ni indirecte-
ment; cependant immediatement après, le Duc
de Schomberg y passa, & y fut suivi de trois ou
quatre mille François, & dans peu de tems le
Conseil de Portugal ne fut plus conduit que par
le genie de celui de France. Dans les commen-
cemens Louïs XIV. joüa la Comedie; il de-
fendit à ses sujets d'aller en Portugal, & fit
croiser même quelques courvettes vers Calais
pour s'opposer au passage du Duc de Schomberg
en Angleterre; mais tout cela ne fut que gri-
mace: on sçait assez de quelle maniere les choses se passerent dans cette affaire, qui nous doit
servir

ſervir de leçon dans celle-ci. Pendant que nous ferions de grands efforts pour chaſſer le Duc d'Anjou du Trône d'Eſpagné, la France tranquille ſe remettroit de ſon accablement ; elle licencieroit la plus grande partie de ſes troupes, qui ſans beaucoup de frais iroient s'enrôler dans celles de Philippe. Le Roi de France defendroit la ſortie de ſes gens hors du Royaumé, pour ſauver les apparences ; mais les paſſages ſeroient ſi mal gardez qu'il en ſortiroit tant qu'on voudroit. Les remiſes ſeroient aiſées à faire en Eſpagne ſans qu'on pût s'en appercevoir, & ſans qu'il parût que le Roi y eût la moindre part ; & quand une fois la France pourroit avoir des vivres pour fournir ſes magazins, & qu'elle auroit eu le tems de mettre quelque ordre à ſes finances, alors ſous quelque faux pretexte elle leveroit le maſque, & reprendroit les armes. Cette paix avec la France ne ſerviroit donc qu'à lui faire prendre haleine, pendant que nous nous fatiguerions de nôtre côté. Ainſi il eſt de la prudence d'engager Louïs XIV. par la crainte de ſa propre ruïne, à trouver lui-même les moyens de nous livrer l'Eſpagne ; autrement il n'eſt pas poſſible de faire la paix ſans nous expoſer à une perte certaine. C'eſt ce que les Alliez ont bien prevû, & ce qui les engagera à continuër de pouſſer toûjours la guerre avec vigueur, contre une puiſſance ſi difficile à reduire à la raiſon, toute accablée qu'elle eſt